MARVEL STUDIOS

LEXIKON DER SUPERHELDEN

Text von Adam Bray

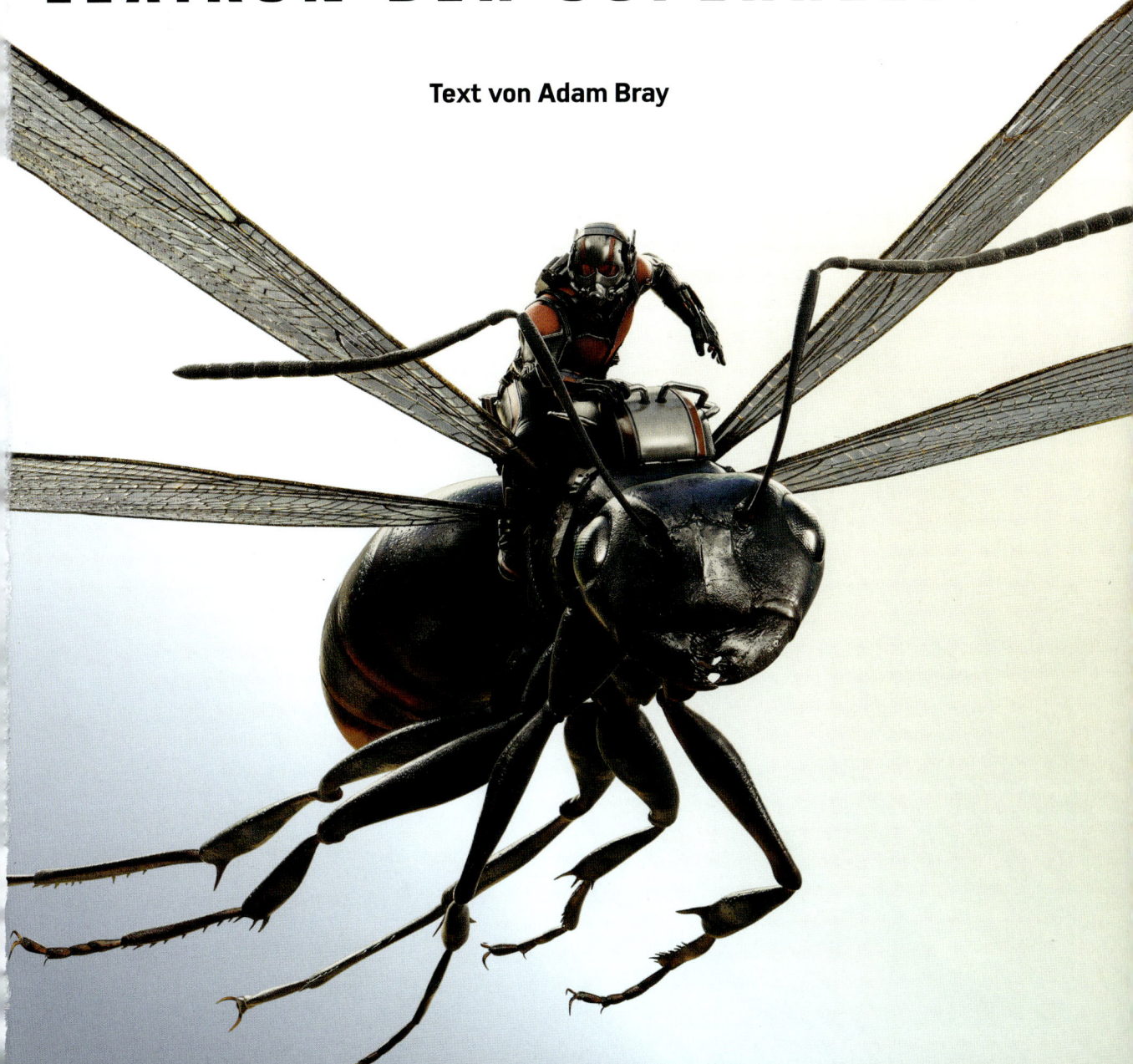

INHALT

Willkommen in einer Welt, in der Außerirdische angreifen, Warlords intrigieren, Hexer zaubern, Könige beschützen und Avengers gemeinsam kämpfen. Wer versucht, dieses reichhaltige komplexe Universum zu vernichten – und welche tapferen Helden verteidigen es?

IRON MAN

Tony Stark gehört zu den reichsten Unternehmern der Welt. Als er erfährt, dass seine Hightech-Firma zu den Problemen dieser Welt beiträgt, findet er als Iron Man einen neuen Lebenssinn. In seinem bestens ausgerüsteten Panzeranzug beschützt er die Welt vor Terroristen und Invasoren.

Tony Stark ist der reiche Besitzer von Stark Industries. Ursprünglich verdiente er Milliarden mit dem Verkauf von Waffen, doch deren Missbrauch durch Extremisten sorgt bei ihm für einen Sinneswandel. Er beschließt, seinen multinationalen Technikkonzern dem Schutz der Menschheit zu widmen und mit ihm sein Superhelden-Team, die Avengers, zu finanzieren. Er ist mit Stark Industries' Geschäftsführerin Pepper Potts verlobt.

Dr. Ho Yinsen rettet Starks Leben nach einer Bombenverletzung. Er hilft, den Prototyp der Iron Man-Rüstung zu bauen, um den Terroristen der Ten Rings zu entfliehen.

In die Brust implantierter RT (Repulsor-Tech-Kern)

METALLHERZ

Starks Arc-Reaktor ist ein leistungsstarker Elektromagnet, der einen Granatsplitter einer alten Wunde von seinem Herzen fernhält. Außerdem treibt er die Iron Man-Rüstung an. Die dazugehörige Technik entwickelte Starks Vater Howard Stark.

Trägt zu Hause legere Kleidung.

ÜBERFLIEGER

Milliardär Tony Stark besitzt eine modifizierte Boeing 737 mit eigenen Piloten und beträchtlichem Bordpersonal. Nachdem er seine Iron Man-Rüstung perfektioniert hat, neigt er jedoch dazu, ohne die Hilfe eines Flugzeugs zu fliegen.

Stark konstruiert seine Iron Man-Rüstung insgeheim im Keller seiner Villa in Malibu.

IRON MAN

Gepanzerter Avenger

Tony Stark entwickelt seine erste Metall-rüstung, um in Afghanistan der Terror-gruppe »The Ten Rings« zu entfliehen. Wieder zu Hause entwickelt er weitere, fortschritt-lichere Versionen seines Iron Man-Anzugs. Mit der Rüstung bekämpft er Bedrohungen für die Menschheit, zunächst allein, und dann als Gründer der Avengers.

Gesamter Helm löst sich durch Nanobots auf.

Der Anzug wird durch Arc-Reaktor-Doppelklick aktiviert.

ANZIEHEND
Iron Mans Mark-L-Rüstung nutzt Nanotechnologie, die in Starks in der Brust implantierten Arc-Reaktor lagert. Sie bildet unverzüglich einen Panzer um ihn herum und besitzt mehrere starke, neue Repulsorwaffen.

Repulsorstrahler in Handfläche montiert

Neue, silberne Leuchtstreifen

KÜHNE RETTUNG
Iron Mans Repulsor-Technologie durchdringt problemlos die Hülle des Raumschiffs von Bösewicht Ebony Maw. Er eilt seinen Ver-bündeten Peter Parker und Stephen Strange zu Hilfe.

Stark löste ein Vereisungsproblem früherer Modelle, sodass er nun die Erdatmosphäre verlassen kann.

WICHTIGE DATEN
ZUGEHÖRIGKEIT: Stark Industries, Avengers
HAUPTSTÄRKEN: Genialer Forscher, reich, kreativ. Mit Rüstung: Flugkraft, Stärke, Ausdauer, Raketen, Repulsorstrahlen
AUFTRITTE: Iron Man, Der Unglaubliche Hulk, Iron Man 2, The Avengers, Iron Man 3, Avengers: Age Of Ultron, The First Avenger: Civil War, Avengers: Infinity War

Nanobots reparieren auto-matisch Oberflächenschäden.

Verbesserte Hoch-geschwindigkeits-Düsen

VIRGINIA „PEPPER" POTTS

Stark Industries' Geschäftsführerin

Als seine Assistentin bringt Pepper Potts Ordnung in Tony Starks chaotischen Alltag. Sie deckt sogar den Verrat seines Geschäftspartners Obadiah Stane auf. Tony vertraut ihr die Geschäftsleitung von Stark Industries an, als er glaubt, er müsse sterben. Sie hält alles am Laufen, während er gegen Loki, Mandarin und Thanos kämpft.

AUSZEIT
Pepper und Tony verlieben sich, doch seine fixe Idee, die Welt zu retten, belastet ihre Beziehung. Für eine Weile gehen sie getrennte Wege, finden dann aber wieder zueinander.

Modische Geschäftskleidung

Armbanduhr ist ein Geschenk von Tony Stark.

TONANGEBEND
Pepper zur Geschäftsführerin zu ernennen, gehört nach seinem Heiratsantrag zu Tonys besten Entscheidungen. Pepper ist die Einzige, die mit seinen permanenten Krisen zurechtkommt.

Ring der Großmutter

WICHTIGE DATEN

ZUGEHÖRIGKEIT: Tony Stark, Stark Industries, Happy Hogan
HAUPTSTÄRKEN: Einfallsreich, unabhängig, verlässlich, Firmenleitung
AUFTRITTE: Iron Man, Iron Man 2, The Avengers, Iron Man 3, Avengers: Infinity War

Der Schurke Killian Aldrich infiziert Pepper mit dem gefährlich instabilen Extremis-Virus. Durch Extremis überlebt sie einen 30-Meter-Sturz und kann mit einem Iron Man-Repulsor auf Killian schießen.

HAROLD „HAPPY" HOGAN

Treuer Leibwächter

Happy Hogan ist Tony Starks Chauffeur und Leibwächter. Nach jahrelangem, treuem Dienst wird er befördert und arbeitet für Tony und Pepper Potts. Happy nimmt seinen Job ernst, wodurch er bei Ermittlungen um den zwielichtigen Eric Savin in die Schusslinie gerät. Nach seiner Genesung werden ihm noch wichtigere Aufgaben anvertraut.

NEUER NAME
Harold „Happy" Joseph Hogan verdankt seinen Spitznamen Tony Stark, der ihn wegen seines mürrischen Gemüts aufzieht. Happy besitzt jedoch ein Herz aus Gold und sieht in Tony und Pepper seine engsten Freunde.

Stark und fit durch Boxtraining

KURZENTSCHLOSSEN
Happy ist ein Mann der Tat. Als er erfährt, dass Tonys Erzfeind Ivan Vanko und der skrupellose Konkurrent Justin Hammer Übles im Schilde führen, eilt er ohne zu zögern zu Hammer Industries.

Maßgeschneiderter Anzug zeigt professionelle Haltung.

WICHTIGE DATEN
ZUGEHÖRIGKEIT: Stark Industries, Tony Stark, Pepper Potts
HAUPTSTÄRKEN: Loyal, Boxen, Sicherheitsexperte, Profifahrer
AUFTRITTE: Iron Man, Iron Man 2, Iron Man 3

Happy genießt uneingeschränktes Vertrauen sowohl von Tony als auch von Pepper, die ihn zu Stark Industries' Sicherheitschef befördert.

Iron Man-Mark-V-Koffer

COLONEL JAMES RHODES

Freund und Patriot

Colonel James „Rhodey" Rhodes ist ein Flieger-ass der U.S. Air Force, der für das Militär Ausrüstung bei Stark Industries erwirbt. Seine Beziehung zu seinem besten Freund Tony Stark wird von dessen leichtsinnigen Verhalten perma-nent auf die Probe gestellt. Dennoch bleibt Rhodes loyal und wird ein Mitglied der Avengers.

Stark und Rhodes sind beste Freunde. Rhodey spendet ihm bei Bedarf Zuspruch, aber auch liebevolle Strenge.

WICHTIGE DATEN

ZUGEHÖRIGKEIT: U.S. Air Force, Tony Stark, Avengers

HAUPTSTÄRKEN: Ehre- und Pflichtgefühl, Militärtraining, Fliegerass. War Machine: Flugkraft, Stärke, Raketen, Kanonen, Repulsor-strahlen, Schallkanone

AUFTRITTE: Iron Man, Iron Man 2, Iron Man 3, Avengers: Age Of Ultron, The First Avenger: Civil War, Avengers: Infinity War

„Schwinge" der U.S. Air Force

Paradeuniform der U.S. Air Force

WELCHE SEITE?

Als die Avengers über die Registrierung ihrer Superkräfte nach dem neuen Sokovia-Abkommen streiten, ist sich Rhodey unsicher, auf welche Seite er sich schlagen soll.

VERLETZT

Rhodes geht mit robotischen Bein-schienen, nachdem er im Kampf zwischen zerstrittenen Avengers-Parteien eine Querschnittslähmung erlitten hat. Er hegt deswegen jedoch keinen Groll.

WAR MACHINE

Kriegswaffe

War Machine ist der Codename, den Rhodey Rhodes trägt, wenn er Tony Starks Panzeranzüge trägt. Als das verantwortungslose Verhalten seines Freundes überhandnimmt, konfisziert Rhodey Starks Mark-II-Rüstung. Stark nimmt es ihm jedoch nicht übel, sondern verbessert die Rüstung für ihn sogar mit neuen Funktionen.

Waffenfach

NICHT GENUG
Dank Hightech-Schienen, die ihm nach einer Rückgratverletzung das Gehen ermöglichen, legt Rhodey in Wakanda die War-Machine-Mark-IV-Rüstung an. Trotz neuer Verbesserungen ist der Anzug dem Titan Thanos jedoch nicht gewachsen.

RT (Repulsor-Tech-Kern)

Druck-umwandler

Handgelenks-bewaffnung

EISERNES DUO
In seinem neuen War-Machine-Anzug tut sich Rhodes mit seinem besten Freund Tony Stark zusammen. Gemeinsam kämpfen sie gegen Justin Hammers Drohnen, bevor sie es mit dem rachgierigen Ingenieur Ivan Vanko aufnehmen.

Verchromtes Exoskelett aus Titan und Stahl

Bei einem Aufeinandertreffen der Avengers am Flughafen Leipzig/Halle trägt Rhodes den War-Machine-Mark-III-Anzug. Vision feuert auf Falcon, trifft aber versehentlich Rhodes.

Repulsordüsen in Stiefeln

Bei der Schlacht von Wakanda feuert War Machine auf Thanos' anrückende Armee der Outrider.

RAZA HAMIDMI AL-WAZAR

Terroristen-Anführer

Raza ist der Anführer der Terrorgruppierung Ten Rings, die in Afghanistan Tony Stark entführt. Er will Stark zwingen, Raketen für ihn zu bauen, doch Stark baut stattdessen einen Iron Man-Anzug und flieht. Raza kauft insgeheim Waffen von Starks schurkischem Geschäftspartner Obadiah Stane, versucht aber unklugerweise, die Bedingungen neu auszuhandeln.

WICHTIGE DATEN

ZUGEHÖRIGKEIT: Ten Rings
HAUPTSTÄRKEN: Terroristen-Ressourcen, Waffen von Stark Industries
AUFTRITT: Iron Man

Verschlagener Verstand voller fieser Ideen

TRÜMMER

Raza und seine Männer finden in der Wüste die zertrümmerte Rüstung von Starks Iron-Man-Prototypen. Sie bringen sie zurück in ihr Lager, schaffen es aber nicht, sie wieder zusammenzusetzen.

Raza will Starks Iron Man-Rüstung benutzen, um mit Obadiah Stane ins Geschäft zu kommen.

Glühende Kohle

RAZAS SCHWÄCHE

Raza ist nicht der Kopf der Ten Rings – das ist eine zwielichtige Gestalt namens Mandarin. Raza ist ein gebildeter Lieutenant, der in den Reihen der Organisation aufsteigt. Seine Arroganz lässt ihn Tony Starks Fluchtpläne nicht erkennen.

Britische Armee-Tarnkleidung

DR. HO YINSEN

Selbstloser Chirurg

Dr. Ho Yinsen begegnet Tony Stark das erste Mal 1999 auf einer Neujahrsfeier in der Schweiz, obwohl sich Tony nicht daran erinnert. Yinsen wird von den Ten Rings gefangen genommen und rettet Starks Leben, als dessen Herz durch eine Bombe verwundet wird. Er verhilft Stark zur Flucht, wohl wissend, dass er selbst niemals entkommen wird.

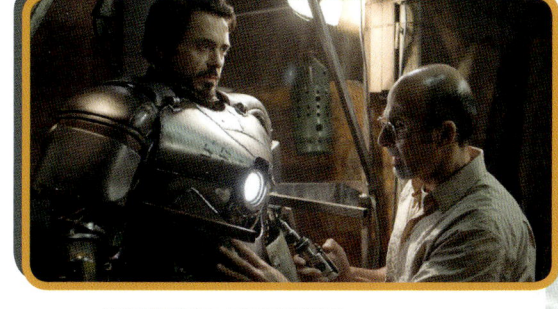

INSPIRATION

Yinsen stammt aus Gulmira, Afghanistan. Obwohl er ein bescheidenes Leben führt und alles verliert, widmet er sein Leben guten Taten. Er ermutigt Stark, ein besserer Mensch zu werden.

Brillanter, wissenschaftlicher Verstand

Krawatte wahrt Würde in Gefangenschaft.

ECHTER FREUND

Yinsen hilft Stark beim Bau des Prototypen der Iron Man-Rüstung. Als der Upload des Computersteuerungssystems zu lange dauert, sorgt Yinsen für ein Ablenkungsmanöver, um Stark mehr Zeit zu verschaffen.

WICHTIGE DATEN

ZUGEHÖRIGKEIT: Tony Stark
HAUPTSTÄRKEN: Talentierter Arzt, Wissenschaftler, mehrsprachig
AUFTRITTE: Iron Man, Iron Man 3

Zange hält Gefäß mit geschmolzenem Palladium.

Yinsen besitzt beachtliches Ingenieurstalent. Er baut Teile von Tonys Rüstung und einen vorläufigen Elektromagneten für dessen Herz.

OBADIAH STANE

Gemeiner Geschäftspartner

Als Tony Starks Eltern starben, übernahm Howard Starks Geschäftspartner Obadiah Stane vorübergehend die Leitung von Stark Industries. Stane betreute den jungen Tony, der mit 21 Jahren die Firma übernahm. Stane verübelt Tony von Anfang an das ererbte Vermögen und plant seinen Untergang.

Mit Starks Geld gekaufter, edler Anzug

ABGEHÄNGT

Obadiah Stane half Howard Stark und Anton Vanko beim Bau des ersten Arc-Reaktors, doch der massive Prototyp schien untauglich für jedwede Weiterentwicklung. Stane schafft es nicht, Tonys Miniversion zu duplizieren.

Pepper Potts entdeckt auf Stanes Computer, dass er Stark betrügt und gemeinsame Sache mit der Terrorgruppe Ten Rings macht.

Tasche verbirgt Betäubungsschallgerät.

FASSUNGSLOS

Stark enthüllt den in seine Brust implantierten Mini-Arc-Reaktor. Stane ist insgeheim neidisch auf die Leistung und frustriert, dass Tony ihn nicht daran teilhaben lässt.

In einem Versteck versuchen Stanes Ingenieure, Starks Panzeranzug nachzubauen.

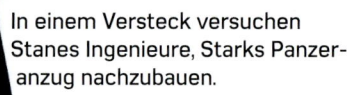

Schuhe besprenkelt mit afghanischem Staub

IRON MONGER
Erbarmungsloser Eiserner

Stane baut mit dem Iron Monger-Anzug Starks Prototypen nach, den die Ten Rings in Afghanistan bargen. Im Versuch, Stark zu übertreffen, bauten sie einen viel größeren Anzug, jedoch mit einem fatalen Fehler: Iron Monger friert bei tiefen Temperaturen ein.

WICHTIGE DATEN

ZUGEHÖRIGKEIT: Stark Industries
HAUPTSTÄRKEN: Täuschung, Stark Industries' Ressourcen.
Iron Monger: Stärke, Flugkraft, Repetierkanone, Raketenwerfer
AUFTRITT: Iron Man

FINALER FLUG
Pepper Potts betritt Obadiah Stanes Labor und entdeckt, dass er bereits die Iron Monger-Rüstung trägt und bereit ist, bis zum bitteren Ende zu kämpfen.

Rundum schwenk-barer Kopf

Satelliten-verbindung und Stimmverzerrer

UNAUSGEWOGEN
Die Gliedmaßen des Iron Monger-Panzers aus Omnium-Stahl werden mittels leistungsstarker Servo-Hydraulik gesteuert. Die Konstruktion bietet präzisionsgelenkte Waffen und Ziel-sensoren, aber kaum Navigation.

Von Starks Brust ge-stohlener RT

Arme können 6804 kg stemmen.

PHIL COULSON

Agent und Verbündeter

Phil Coulson arbeitet unter der Leitung von Nick Fury im Herzen des Terrorabwehr-Geheimdiensts S.H.I.E.L.D. und ist dort einer der besten Mitarbeiter. Trotz seiner beachtlichen Befehlsgewalt innerhalb von S.H.I.E.L.D. ist Coulson liebenswürdig und bescheiden. Er unterstützt Fury dabei, die Avengers zu rekrutieren und zu einem Team zusammenzuschmieden.

Verschlüsselter
S.H.I.E.L.D.-Ohrknopf

WICHTIGE DATEN

ZUGEHÖRIGKEIT: S.H.I.E.L.D., Avengers, Nick Fury
HAUPTSTÄRKEN: Loyal, einfallsreich, ergeben, standhaft, engagiert
AUFTRITTE: Iron Man, Iron Man 2, Thor, The Avengers, Captain Marvel

OPFER

Treu bis zum Ende, opfert Coulson sein Leben bei dem Versuch, Lokis Flucht vom S.H.I.E.L.D.-Helicarrier zu verhindern. Obwohl er scheitert, motiviert er damit die Avengers zur Zusammen-arbeit.

HELDENTREFFEN

Phil Coulson ist ein großer Fan von Steve Rogers. Er besitzt einen Originalsatz Captain America-Sammelkarten und hilft sogar dabei, Caps neue Uniform zu entwerfen. Als er den Helden das erste Mal trifft, ist er daher richtig nervös.

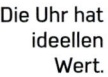

Die Uhr hat ideellen Wert.

Coulson gehört zu Nick Furys besten Agenten. Er hilft Fury dabei, Stark, Thor und Steve Rogers zu betreuen.

NATALIE RUSHMAN

Undercover-Assistentin

S.H.I.E.L.D.-Agentin Natasha Romanoff wird beauftragt, Stark Industries zu infiltrieren und Tony Stark zu überwachen. Unter dem Codenamen Natalie Rushman bewirbt sie sich in der Rechtsabteilung und wird bald zu Tony Starks persönlicher Assistentin befördert. Schließlich hilft sie Stark, den Konkurrenten Justin Hammer und Ivan Vanko zu besiegen.

Geheimagentin Black Widow gibt ihre falsche Identität schließlich auf, als sie Hammer Industries stürmt.

DER SCHEIN TRÜGT

Als Tony Stark Natalie Rushman als neue Assistentin verlangt, hat Pepper Potts zunächst Zweifel, hauptsächlich aufgrund ihres Äußeren. Doch Rushman erweist sich als höchst kompetent und als große Hilfe.

Schicke Frisur

Manikürte Fingernägel

Professionelle Bürokleidung

TOP-SPIONIN

Natalie Rushman wandelt auf einem schmalen Grat zwischen provokativem Auftreten, um Tony Starks Aufmerksamkeit zu fesseln und ihn überwachen zu können, und der Nichtüberschreitung romantischer Grenzen. Ihre gemischten Signale verwirren Tony.

WICHTIGE DATEN

ZUGEHÖRIGKEIT: Stark Industries, S.H.I.E.L.D., Tony Stark, Nick Fury
HAUPTSTÄRKEN: Boxen und Kampfkunst, Spionage, Engagement
AUFTRITT: Iron Man 2

JUSTIN HAMMER

Firmenkonkurrent

Hammer Industries wird von Justin Hammer, einem von Tony Starks größten Rivalen, geleitet. Der unfähige Geschäftsführer ist nicht in der Lage, Neuerungen einzuführen und stiehlt stattdessen Firmengeheimnisse der Konkurrenz. Hammer versucht, den Ingenieur Ivan Vanko zu zwingen, Starks Iron Man-Technologie zu duplizieren, doch wie immer geht sein Plan schief.

Brille dient nur intelligenterem Aussehen.

Übergroße Krawatte zeugt von protzigem Stilgefühl.

Dreiteiliger Einreiher mit fallendem Revers

VERPLANT

Hammers Plan, Stark-Technologie zu stehlen, geht katastrophal nach hinten los. Statt, wie von Hammer gewünscht, Panzeranzüge zu bauen, erschafft Vanko Roboterdrohnen, die unter seiner Kontrolle stehen. Dann wendet er sich gegen Hammer, der die Folgen ertragen muss.

Hammer weilt für ein TV-Interview in Monaco. Als sich die Interviewerin jedoch entscheidet, lieber einer Story über Tony Stark nachzugehen, ist Hammer fuchsteufelswild.

DEFEKTE HARDWARE

Hammer rühmt sich seines Erfolgs, als er Starks Militärverträge übernimmt. Im Kampfeinsatz funktioniert allerdings nichts von dem, was er liefert.

WICHTIGE DATEN

ZUGEHÖRIGKEIT: Hammer Industries, Seagate Prison, Ivan Vanko
HAUPTSTÄRKEN: Manipulation, Diebstahl, Ehrgeiz
AUFTRITT: Iron Man 2

WHIPLASH

Ivan Vanko

Ivan Vankos Vater Anton half Howard Stark, den ersten Arc-Reaktor zu erfinden. Doch als Anton versuchte, aus der Technologie Profit zu schlagen, wurde er deportiert, endete in einem russischen Gefängnis und verbrachte den Rest seines Lebens in Armut. Ivan nutzt die Technologie, um einen „Whiplash"-Anzug zu bauen und Rache an Tony Stark zu üben.

Ungekämmtes Haar

WHIPLASHS GEBURT

Nach dem Tod seines Vaters baut Vanko selber Anzüge. Der erste Anzug ist noch primitiv, aber leistungsstark genug, um Iron Man herauszufordern.

WICHTIGE DATEN

ZUGEHÖRIGKEIT: Hammer Industries, Anton Vanko
HAUPTSTÄRKEN: Genialer Ingenieur, Whiplash-Anzug: Elektropeitschen, Stärke, Flugkraft
AUFTRITT: Iron Man 2

Russische Gulag-Tätowierung

AUFGEPEITSCHT

Vankos RT (Repulsor-Tech-Kern) leitet Energie in ein Paar handgehaltene Elektropeitschen, die mit seinem Anzug verbunden sind. Sie sind stark genug, um fast jedes Metall zu zerschneiden und können sogar Iron Mans Energieschüsse abwehren.

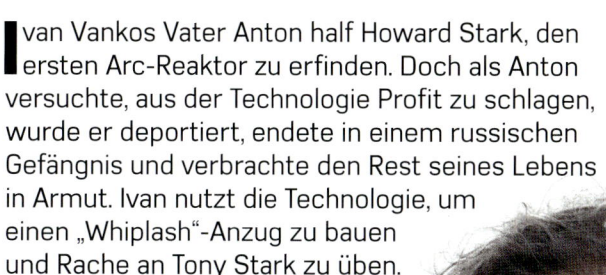

Externer Miniatur-RT (Vanko-Version)

Vanko wartet auf den richtigen Moment, um Stark anzugreifen. Er hackt sich in War Machines Anzug, um damit auf Stark loszugehen.

CHRISTINE EVERHART

Aufstrebende Journalistin

Die couragierte Reporterin Christine Everhart geht Geschichten über Stark Industries' zwielichtige Geschäfte nach – auch jene mit den Ten Rings. Sie hat sowohl professionelles als auch romantisches Interesse an Tony Stark, was zu verfänglichen Begegnungen führt. Später wird sie Nachrichtensprecherin und berichtet über die Avengers.

Everhart weist Stark darauf hin, dass mit Waffen seiner Firma das afghanische Dorf Gulmira bombardiert wurde.

ERFOLGREICH

Everhart ist eine ehrgeizige Journalistin, die für Vanity Fair und WHIH World News arbeitet. Neben Tony Stark und dessen Konkurrenten Justin Hammer hat sie u.a. auch Präsident Ellis und den Ex-Sträfling (heute ein Avenger) Scott Lang interviewt.

Professionelle Kleidung

Digitales Aufnahmegerät

DATEN

ZUGEHÖRIGKEIT: WHIH World News, Vistacorp, Vanity Fair, Tony Stark
HAUPTSTÄRKEN: Ehrgeiz, Beharrlichkeit, Berechnung
AUFTRITTE: Iron Man, Iron Man 2

MONACO-MEETING

Everhart folgt Firmenleiter Hammer nach Monaco, um ihn zu interviewen. Als sie Tony Stark begegnen, verliert sie ihr Interesse an Hammer und lässt ihn sitzen, um eine Story über Stark zu bringen.

MATTHEW ELLIS

Präsident der Vereinigten Staaten von Amerika

UNBEKANNTE FEINDE

Präsident Ellis hatte die wissenschaftlichen Forschungen von Advanced Idea Mechanics (A.I.M.) verboten, einer Organisation, die der dubiose Aldrich Killian leitet. Killian plant, sich mit einem Attentat und der Machtübernahme im Weißen Haus an Ellis zu rächen.

Gepflegtes Haar für die Kameras

Nach mehreren Explosionen, die einem Terroristen namens Mandarin zugeschrieben werden, handelt Präsident Matthew Ellis entschlossen. Er benennt War Machine in Iron Patriot um und weist ihn an, Mandarin zu jagen. Ellis ahnt jedoch nicht, dass einer seiner ehemaligen Bekannten, Aldrich Killian, der wahre Terrorist ist.

Maßgeschneiderter Anzug

SCHLECHTE WERBUNG

Killians Leibwächter Eric Savin entführt Präsident Ellis, indem er ihn in die Iron Patriot-Rüstung steckt und zu Killian fliegt. Killian will Ellis vor laufenden Kameras töten.

Doppelmikrofon

WICHTIGE DATEN

ZUGEHÖRIGKEIT: U.S.-Regierung
HAUPTSTÄRKE: Präsidiale Autorität
AUFTRITT: Iron Man 3

ALDRICH KILLIAN

Extremer Gegner

Körperlich beeinträchtigt und sozial benachteiligt, begegnete Aldrich Killian Tony Stark das erste Mal 1999 in der Hoffnung, die Forschungen seiner Firma A.I.M. zu besprechen. Jahre später entwickelt er mit Forscherin Maya Hansen das Extremis-Virus, um seinen Körper zu heilen. Er vertuscht Extremis' explosive Nebenwirkungen, indem er den fingierten Schurken Mandarin vorschiebt.

Sorgfältig frisiert

Maßgeschneiderter Anzug

WICHTIGE DATEN

ZUGEHÖRIGKEIT: A.I.M., Mandarin, Maya Hansen, Eric Savin
HAUPTSTÄRKEN: Stärke, rasante Regeneration, erzeugt extreme Hitze, speit Feuer
AUFTRITT: Iron Man 3

Wertvolle und ungewöhnliche Ringe

Der Körper regeneriert sich durch die Behandlung mit dem Extremis-Virus.

Killian erklärt Pepper Potts Extremis, um für seine Forschungen Unterstützung von Stark Industries zu erhalten.

KOCHENDES BLUT

Extremis stellt die menschliche DNS um, damit sich der Körper zügig regeneriert, Verletzungen heilen, Krankheiten vergehen, verlorene Gliedmaßen nachwachsen und die allgemeine Gesundheit verbessert wird. Nebenwirkungen sind unkontrollierbare Hitzeabstrahlung und Explosionen. Killian kann sogar Feuer speien.

Teure, schicke Schuhe

ENDKAMPF

Aldrich Killian und Tony Stark kämpfen an Bord von Killians Öltanker *Norco*. Das Extremis-Virus in seinem Blut macht Killian zu einem ungeheuren Gegner.

MAYA HANSEN

Extremis-Erfinderin

Maya Hansen ist das Genetik-Genie, das Extremis erschuf, ein Virus, das DNS umschreibt, um Wunden zu heilen. Leider hat Extremis die schreckliche Nebenwirkung, dass es den Körper der meisten Rezipienten rasant erhitzt und manchmal explodieren lässt. 1999 versucht Hansen, mit Tony Stark zu arbeiten, doch als er sie sitzen lässt, wendet sie sich an Aldrich Killian:

WICHTIGE DATEN

ZUGEHÖRIGKEIT: A.I.M., Aldrich Killian

HAUPTSTÄRKEN: Wissenschaftsgenie, Täuschung

AUFTRITT: Iron Man 3

ZERRISSEN

Extremis zu entwickeln entspringt Maya Hansens Wunsch, den Menschen zu helfen. Sie wendet sich zur Finanzierung an Killian, obwohl sie weiß, dass seine Motive falsch sind. Als sie sich schließlich mit Tony Stark zusammentut, ist es schon zu spät.

GEHEIM-LABOR

Als Mitarbeiterin in Killians Firma A.I.M. steht Hansen ein geheimes Labor mit 40 Forschern und einigen Testpersonen zur Verfügung.

Defensiv verschränkte Arme

Legere Kleidung sorgt für harmlose Erscheinung.

Hansen erwirbt Pepper Potts' Vertrauen, indem sie vorgibt, Killian zu verraten, doch es ist eine List, um Potts zu entführen.

ERIC SAVIN

Frisierter Leibwächter

WICHTIGE DATEN

ZUGEHÖRIGKEIT: A.I.M., Aldrich Killian, Mandarin

HAUPTSTÄRKEN: Extreme Hitzeerzeugung, rasche Regeneration, gesteigerte Stärke

AUFTRITT: Iron Man 3

Ex-Oberstleutnant Eric Savin bekommt von Aldrich Killian das Extremis-Virus injiziert, um seine Kriegsverletzungen zu heilen. Er arbeitet als Killians Leibwächter und steigt in die von Rhodey Rhodes gestohlene Iron Patriot-Rüstung, um die Air Force One zu entern und den Präsidenten zu entführen. Er stirbt im Kampf gegen eine Iron Man-Drohne.

HITZKOPF

Das Extremis-Virus in seinem Blut ermöglicht Savin bei Verwundung sofortige Heilung – ihm wächst sogar ein Fuß nach! Extremis erzeugt in seinem Körper aber auch gewaltige Hitze.

Konzentrationsvermögen hält Extremis in Schach.

MULTITALENT

Als Killians rechte Hand hat Savin viele Aufgaben, einschließlich der Koordinierung verdeckter Missionen für andere Extremis-Kandidaten. Er leitet auch einen Helikopterangriff, der Tony Starks Villa in Malibu vollständig zerstört.

Sein Körper hat erhöhte Temperatur.

Savin kreuzt den Weg von Starks Leibwächter Happy Hogan.

MANDARIN
Trevor Slattery

Trevor Slattery ist ein gescheiterter britischer Schauspieler. Verbrechergenie Aldrich Killian heuert ihn an, um sich als Terrorist Mandarin, den Anführer der Ten Rings, auszugeben. Slattery nimmt Videos auf, in denen er sich zu den Explosionen bekennt, die in Wahrheit Killians Extremis-Virus verursacht. Er wird geschnappt und ins Gefängnis gebracht, wo er vom echten Mandarin entführt wird.

Langes Haar zum Dutt gebunden

Kostüm- ringe

FERNSEHDROHUNG
Was der Mandarin in seinen Videos faselt, ergibt wenig Sinn, klingt jedoch bedrohlich. Seine Aufgabe ist nicht die Vermittlung irgendeiner Ideologie. Er weiß nicht einmal, wovon er redet – oder dass ihn die Öffentlichkeit für echt hält!

DUNKEL
Neben seinem Kostüm setzt Mandarin auf Schatten und eine Sonnenbrille, um mysteriös und beängstigend zu wirken.

Mandarin setzt eine Mischung aus östlicher Symbolik und Gewalt in den Kulissen seiner Videos ein.

WICHTIGE DATEN
ZUGEHÖRIGKEIT: A.I.M., Seagate Prison, Ten Rings (gespielt)
HAUPTSTÄRKE: Schauspielerei
AUFTRITT: Iron Man 3

IRON PATRIOT

War Machine Mark II

Tony Stark konstruiert einen neuen Panzeranzug und gibt ihn seinem Freund Rhodey Rhodes, um dessen War Machine-Mark-I-Rüstung zu ersetzen. Die neue War Machine-Mark-II-Rüstung wird in den Farben der U.S.-Flagge lackiert und von der U.S. Air Force in Iron Patriot umbenannt, um weniger bedrohlich zu klingen.

Geschütz sitzt auf Gelenkarm.

Einfahrbarer Gesichtspanzer

UNPATRIOTISCHER PLAN

Iron Patriot wird beauftragt, den als Mandarin bekannten Terroristen zu jagen, doch er wird vom perfiden Aldrich Killian in eine Falle gelockt. Killian entführt Rhodes und stiehlt dessen Rüstung.

Im Handgelenk verborgene Bewaffnung

„FF" steht für das Geschwader First Fighter Wing.

Killians Scherge Eric Savin trägt die Iron Patriot-Rüstung und entert damit die Air Force One, um den Präsidenten zu entführen.

Stabilisierungsgürtel hält Rüstung im Flug im Gleichgewicht.

Handflächen mit Repulsoren ausgestattet

WICHTIGE DATEN

ZUGEHÖRIGKEIT: U.S. Air Force, Tony Stark
HAUPTSTÄRKEN: Flugkraft, Stärke, Raketen, Minikanone, Schallkanone, Maschinengewehr, Repulsorstrahlen
AUFTRITT: Iron Man 3

Die Düsenstiefel werden von künstlicher Intelligenz gesteuert.

ENTWAFFNEND

Rhodes' neue Rüstung stellt eine Verbesserung zu seiner alten dar. Allerdings wird sie von Killians Forschungsfirma A.I.M. modifiziert. Die U.S. Air Force vertraut Killian und ahnt nicht, dass er den Präsidenten entführen will.

HARLEY KEENER

Junger Verbündeter

Harley Keener lebt mit seiner Mutter in Rose Hill, Tennessee. Eines Nachts begegnet er in seiner Garage dem verzweifelten Tony Stark, der dort versucht, seine defekte Iron Man-Rüstung zu reparieren. Harley hilft ihm und zeigt ihm die Stadt. Der Junge gerät in einen Kampf zwischen Tony und dem gefährlichen Schurken Eric Savin, kann aber dank Starks Hilfe entkommen.

Geknöpftes Hemd
für die Schule

ANGEHENDER FORSCHER
Obwohl Stark geht, ohne sich richtig zu verabschieden, weiß er Harleys Hilfe zu schätzen. Er schickt ihm einen ganzen Stoß Roboter, Computer, Wissenschaftsausrüstung und eine neue Kartoffelknarre.

Rucksack voller Bücher
und Kartoffeln

UNGLEICHE FREUNDE
Harley hilft Tony Stark, den Explosionsort zu finden, an dem ein Einheimischer, Chad Davis, starb. Dann stellt er Stark in einer Bar Davis' Mutter vor. Durch Harleys Hilfe kann Stark Teile einer gefährlichen Verschwörung aufdecken.

Keener ist vorübergehender Bewacher von Starks Iron Man-Mark-XLII-Rüstung, während sie in seiner Garage wiederauflädt.

Die Turnschuhe sind
fast schon zu klein.

THOR

Asgard ist die Heimat der Brüder Thor und Loki. Beide streiten um die Kontrolle ihres Königreichs, finden sich aber wieder im Kampf gegen Feinde von anderen Planeten, Welten und Dimensionen. Zum Schutz ihrer Verbündeten, der Bewohner und von Asgard selbst müssen Thor und Loki ihre Rivalität überwinden.

THOR
Gott des Donners

Thor ist der älteste Sohn von Odin und Frigga, König und Königin des Reiches Asgard. Nach kurzzeitigem Exil auf der Erde tritt Thor den Avengers bei. Nach dem Tod seines Vaters wird er König von Asgard, doch seine Welt wird von dem Feuerdämon Surtur zerstört.

Mjölnir

Königliche Scheiben des Reiches Asgard

MÄCHTIGER MJÖLNIR
Thors magischer Hammer wurde im Kern eines sterbenden Sterns geschmiedet. Er kann nur von solchen getragen werden, die würdig sind. Als Mjölnir von Hela zerstört wird, bittet Thor den Zwergenkönig Eitri, einen neuen Hammer zu schmieden: Sturmbrecher.

Stahlarmbänder zum Schutz der Arme

Rüstung aus Leder und Stahl

Schuppenpanzer

KAMPF UM DIE ERDE
Bei der Schlacht von New York verbündet sich Thor mit Captain America und den Avengers, um seinen Bruder Loki und die Invasion der außerirdischen Chitauri aufzuhalten.

WICHTIGE DATEN
ZUGEHÖRIGKEIT: Asgard, Avengers, Loki, Dr. Jane Foster
HAUPTSTÄRKEN: Stärke, Beweglichkeit, Robustheit, kann Blitze erzeugen, Hämmer
AUFTRITTE: Thor, The Avengers, Thor: The Dark Kingdom, Avengers: Age of Ultron, Thor: Tag der Entscheidung, Avengers: Infinity War

Lederstiefel

Thor kann auch ohne seine Hämmer Blitze erzeugen, doch die Hämmer bündeln die Kraft der Blitze.

LOKI

Gott des Schabernacks

L oki ist der Adoptivsohn von König Odin und Königin Frigga von Asgard. Sein leiblicher Vater König Laufey, Herrscher der Eisriesen, setzt Loki schon bald nach dessen Geburt aus. Loki ist neidisch auf seinen Bruder Thor. Mit Trickserei sichert er sich kurzzeitig den Thron. Obwohl er sich gegen seine Familie erhebt, hilft er später Thor bei der Rettung seines Volkes vor der gefährlichen Hela.

Verschlagene Miene verbirgt Unehrlichkeit.

TÄUSCHER

Loki erlernt von seiner Mutter Frigga asische Magie. Zu seinen Lieblingstricks – die er meist zur eigenen Bereicherung einsetzt – gehören Doppelgänger von ihm, die Veränderung des Aussehens von sich und anderen und die Bewegung von Objekten durch Gedanken.

Abgewetzter Panzerbesatz aus Bronze

Hand greift nach verborgenem Dolch.

WICHTIGE DATEN

ZUGEHÖRIGKEIT: Asgard, Thor, Thanos, Chitauri-Invasoren, Grandmaster
HAUPTSTÄRKEN: Magie, lange Lebenszeit, rasche Heilung, Täuschung
AUFTRITTE: Thor, The Avengers, Thor: The Dark Kingdom, Thor: Tag der Entscheidung, Avengers: Infinity War

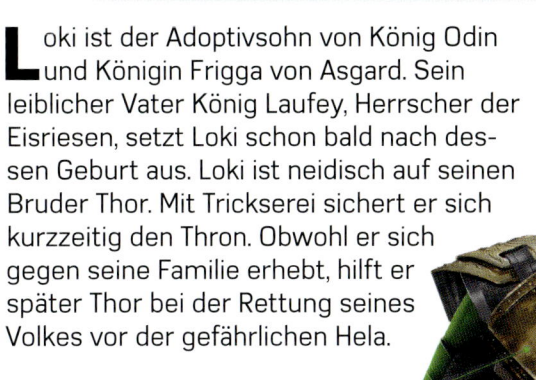

WAFFENBRÜDER

Thor befreit Loki aus dem Gefängnis, damit sie sich zusammentun können, um ihre Mutter zu rächen, Dr. Jane Foster zu retten und den Dunkelelf Malekith zu besiegen.

In seinem Zepter trägt Loki den Gedankenstein, mit dem er Gedanken kontrollieren kann. Er gehört zu den sechs Infinity-Steinen, nach denen überall im Multiversum gesucht wird.

Mantel mit grüner Seide gefüttert

Asgard-Stiefel aus Leder

ODIN

König von Asgard

Auge im Kampf verloren

Allvater Odin ist der weise und mächtige Herrscher von Asgard. Seine Frau ist Frigga und seine Kinder sind Hela, Thor und Loki. Er ist bekannt für seine Strenge, doch es gibt immer einen Grund für seine Anordnungen. Auch wenn er hart zu seinen Söhnen ist und Loki gegen ihn rebelliert, liebt Odin beide.

Königliche Scheiben

Odin sitzt auf seinem Thron und trägt Gungnir. Der Speer hat Macht über Asgard, einschließlich der Brücke Bifröst und der Waffe Destroyer.

Gefaltete Hände vermitteln Selbstvertrauen und stille Autorität.

Mit Gold verwobene Tunika

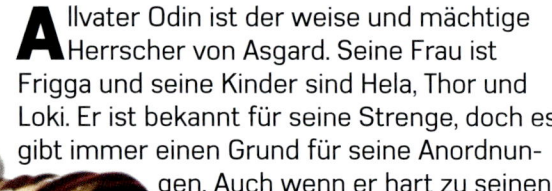

GEPLÜNDERT

Nachdem die Dunkelelfen über Asgard hergefallen sind, inspiziert Odin den Schaden. Voll Kummer über den Tod seiner Frau, riegelt er Asgard ab.

Zeremonieller, königlicher Asgard-Umhang

LETZTE RUHE

Nachdem er durch Loki auf der Erde gestrandet ist, verbringt Odin seine letzten Tage in Norwegen. Nach dem Abschied von seinen Söhnen ist Odin im asischen Jenseits Walhalla wieder mit seiner Frau Frigga vereint.

WICHTIGE DATEN

ZUGEHÖRIGKEIT: Asgard
HAUPTSTÄRKEN: Führungskraft, Stärke, lange Lebenszeit, Kraft von Gungnir
AUFTRITTE: Thor, The Avengers, Thor: The Dark Kingdom, Thor: Tag der Entscheidung

FRIGGA

Königin von Asgard

Thors und Lokis Mutter Frigga ist ihrer Familie ergeben. Während Thors Exils spricht sie sich für ihn aus. Auch als Loki versucht, den Thron an sich zu reißen, und ins Gefängnis kommt, besucht sie ihn und verteidigt ihn vor ihrem Mann Odin. Obwohl sich Odin weigert, Loki freizulassen, vertraut Frigga darauf, dass er einen Plan hat.

Strahlende Juwelen aus Vanaheim

FAMILIENSCHÜTZERIN

Frigga ist eine höchst talentierte Schwertkämpferin. Als der Anführer der Dunkelelfen Malekith den Palast stürmt, tritt sie ihm entgegen. Frigga opfert sich, um Thors Freundin Dr. Jane Foster zu beschützen.

Königliches Kleid zu Thors Krönung

Als stolze Mutter steht Frigga bei Thors Krönung neben Loki, bevor die Feier von räuberischen Eisriesen gestört wird.

Traditionelle asische Knotenmuster

Grün steht für einen Neuanfang.

MAGISCHE MUTTER

Frigga ist eine Hexe und lehrt ihren jüngeren Sohn Loki Magie, um ihm im Kampf Vorteile zu verschaffen.

DATEN

ZUGEHÖRIGKEIT: Asgard
HAUPTSTÄRKEN:
Magie, selbstlose Liebe, Schwertkampf
AUFTRITTE: Thor, Thor: The Dark Kingdom

LADY SIF

Asisches Kraftpaket

Lady Sif gehört zu Asgards größten Kriegern. Sie ist eine enge Freundin von Thor und den Tapferen Drei. Sie steht Thor während seines Exils bei und hilft ihm, aus Asgard zu fliehen, um die Dunkelelfen zu bekämpfen. Während der Zerstörung durch Ragnarök weilt Lady Sif nicht in Asgard und entgeht so dem Unglück, das über ihr Volk hereinbricht.

Gehärteter Asgard-Stahl

MYSTISCHE KLINGE

Sifs magisches Schwert lässt sich zu einem Doppel-klingen-Speer ausfahren. Es kann mit ihrem Schild verbunden und so auf dem Rücken getragen werden. Nach Beschädigung im Kampf gegen den Destroyer wird das Schwert neu geschmiedet.

Schwert-griff

Kettenhemd unter dem Brustpanzer

Armband hält Handgelenks-bandage.

Überlappende Panzerplatten bieten flexiblen Schutz.

HOCH ZU ROSS

Auf ihrem mächtigen Hengst reitet Sif gegen Piratenhorden in die Schlacht. Als hochgeehrter Kämpfer wird das Pferd in den königlichen Stallungen in Vanaheim untergebracht.

Rock aus Leder und Ketten-geflecht

Sif hegt Gefühle für Thor, doch sie hält sie zurück, um ihre Freundschaft nicht zu riskieren.

Nachdem Bifröst zerstört ist, bekämpft Sif gemeinsam mit Thor und der Armee von Asgard die einfallenden Marauders.

WICHTIGE DATEN

ZUGEHÖRIGKEIT: Asgard, Thor, Tapfere Drei
HAUPTSTÄRKEN: Stärke, Tempo, Beweglichkeit, Nahkampf
AUFTRITTE: Thor, Thor: The Dark Kingdom

HEIMDALL

Wächter der Brücke

Heimdalls Platz ist eine Wache am Ende von Asgards berühmter Regenbogenbrücke Bifröst. Hier wacht er über Asgards Tor zu den Neun Welten. Heimdall hat die Fähigkeit, weit in die hintersten Winkel des Universums zu blicken, und es anderen, wie seinem besten Freund Thor, zu ermöglichen, durch seine Augen zu sehen.

Einschüchternder Helm in Form von Stierhörnern

TREUE UND EHRE

Heimdall zeigt standhafte Treue gegenüber Asgards Thron und er beschützt sein Volk bis zum Tod. Wenn es Grund genug gibt, scheut er sich aber auch nicht davor, die Regeln zu brechen.

Schwere Rüstung schützt vor Bifrösts Energie.

Bronze-Armschienen am Unterarm

Schwert mit 1,6 Metern Länge

MAGISCHES SCHWERT

Heimdall nutzt sein Schwert Hofund, um von seiner Wache aus Bifröst zu öffnen und zu sperren. (Auch Odins Speer kann Bifröst öffnen.) Unter besonderen Bedingungen kann Hofund benutzt werden, um das Tor von überall aus zu aktivieren.

Weiche Hosen aus Ochsenleder

Heimdall wird von Loki (der sich als Odin ausgibt) aus Asgard verbannt. Loki fürchtet, Heimdall könne ihn durchschauen.

WICHTIGE DATEN

ZUGEHÖRIGKEIT: Asgard
HAUPTSTÄRKEN: Stärke, Schwertkampf, lange Lebensdauer, unendliche Sicht, Kontrolle über Bifröst
AUFTRITTE: Thor, Thor: The Dark Kingdom, Thor: Tag der Entscheidung, Avengers: Infinity War

VOLSTAGG

Kühner Krieger

Volstagg ist ein Freund von Thor und bildet mit Fandral und Hogun die legendären Tapferen Drei. Lady Sif ist das fünfte Mitglied dieser eng verbundenen Gruppe. Als treuer Kamerad eilt Volstagg Thor zu Hilfe, als dieser verbannt wird, und hilft ihm im Kampf gegen den Destroyer. Volstagg wird schließlich von der rachsüchtigen Hela besiegt.

Langes Haar ist charakteristisch für asische Krieger.

VOLSTAGG DER SIEGREICHE

Volstagg gehört zu Asgards größten Kriegern. Viele Legenden ranken sich um seine Kämpfe in den Neun Welten, nachdem die Brücke Bifröst zerstört wurde.

Vom Kampf gezeichnete Schulterstücke

Hauberk (Hemd aus Kettengeflecht)

ALLZEIT BEREIT

Volstagg hat ein großes Herz, aber ein geringes Urteilsvermögen. Bereitwillig folgt er Thor und seinen Freunden in viele Desaster – wie die Invasion von Jotunheim.

Unterarmpanzer

Separater Handschutz für mehr Bewegungsfreiheit

Volstagg besitzt enormen Appetit. Tatsächlich genießt er ein Siegesbankett ebenso wie den eigentlichen Sieg.

Streitaxt aus geätztem Stahl

WICHTIGE DATEN

ZUGEHÖRIGKEIT: Asgard
HAUPTSTÄRKEN: Stärke, Ausdauer, Treue
AUFTRITTE: Thor, Thor: The Dark Kingdom, Thor: Tag der Entscheidung

KÖNIG LAUFEY

Herrscher der Eisriesen

König Laufey führte seine Armee der Eisriesen 965 v. u. Z. in die Invasion von Tønsberg, Norwegen. Odin und die Streitkräfte Asgards traten ihm entgegen, zwangen sie zurück in ihre Heimat in Jotunheim und besiegten sie. Laufey unterzeichnete einen Friedensvertrag und übergab Odin seine Massenvernichtungswaffe: die mächtige Urne des Ewigen Winters.

„Krone" aus Jade

Laufey und die Eisriesen verstecken sich in den eisigen Ruinen von Jotunheim, wo sie wie ein Teil der öden Landschaft wirken.

Blaue Haut fühlt sich eiskalt an.

WICHTIGE DATEN

ZUGEHÖRIGKEIT: Jotunheim, Eisriesen, Loki

HAUPTSTÄRKEN: Kann beliebig Eis formen und alles per Kontakt einfrieren.

AUFTRITT: Thor

ENDE DES FRIEDENS

Als Thor und seine Freunde in Jotunheim einfallen, schreitet Odin ein, um den Friedensvertrag zwischen sich und Laufey zu erneuern. Doch es ist zu spät. Laufey will Krieg.

Narbenverzierungen zeigen hohen Rang an.

LOKIS RACHE

Laufey ist Lokis leiblicher Vater, der seinen Sohn aussetzte, weil er zu klein war. Loki wurde von Odin großgezogen. Jahre später lockt Loki Laufey in die Invasion von Asgard, während der er Laufey tötet, um seinen Adoptivvater Odin zu retten.

DR. JANE FOSTER

Führende Astrophysikerin

Die brillante junge Forscherin Dr. Jane Foster gehört zu den führenden Astrophysikern und Astronomen der Welt. Sie trifft Thor, als er auf die Erde verbannt wird, und die beiden verlieben sich rasch. Jane hilft Thor sowohl dabei, sich reinzuwaschen, als auch bei der Rettung des Universums vor dem Dunkelelfen Malekith und dessen apokalyptischer Waffe, dem Äther.

FLÜCHTIGE LIEBE

Thors und Janes Romanze wird von Thors langen Abwesenheiten belastet. Mit regelmäßigen Gefahren kommt ebenfalls nicht jeder zurecht. In der Folge beendet Jane die Beziehung nach der brutalen Schlacht von Sokovia.

Notizbuch über das Bifröst-Phänomen

Foster gehört zu den Ersten, die Thor glauben, als er auf der Erde auftaucht. Sie fährt ihn auf der Suche nach seinem Hammer.

Als sie ihm schließlich in Asgard begegnet, ohrfeigt Foster Loki. Trotzdem rettet er später ihr Leben, als sie Malekith gegenübertreten.

Winterfeste Wanderstiefel

Winterjacke

MYTHISCHER MOMENT

Thor und Jane verbringen eine Weile auf dem Dach ihres Labors in New Mexico. Foster entwickelt stärkeres Vertrauen zu Thor, nachdem er ihr von den Neun Welten Asgards erzählt hat.

WICHTIGE DATEN

ZUGEHÖRIGKEIT: Thor, Dr. Selvig, Culver University, Darcy Lewis
HAUPTSTÄRKEN: Wissenschaftliche Neugier, Mut, Entschlossenheit
AUFTRITTE: Thor, Thor: The Dark Kingdom

DR. ERIK SELVIG

Wissenschaftler

Der brillante schwedische Astrophysiker Dr. Erik Selvig ist ein Mentor von Jane Foster und ein Freund von Thor. Er wird von S.H.I.E.L.D. angeheuert, um den Tesserakt, ein mysteriöses Relikt, zu erforschen. Doch Thors Bruder Loki dringt in Selvigs Verstand ein und stört seine Persönlichkeit. Später nimmt Selvig einen Job bei den Avengers an.

Krawatte von Praktikant Ian Boothby geborgt

Lokis Gedankenkontrolle fordert ihren Tribut von Selvig. Darcy Lewis holt ihn aus einer Nervenklinik, nachdem er nackt herumrennend aufgegriffen wurde.

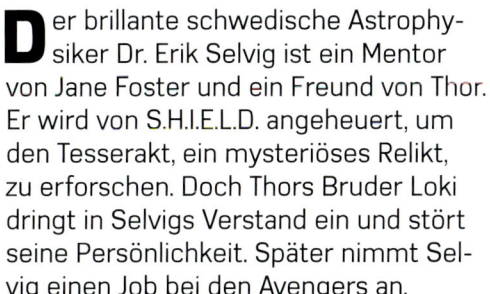

NEUE FORSCHUNG
Dr. Selvig und Praktikantin Darcy Lewis arbeiten mit Jane Foster in New Mexico. Ihre zufällige Begegnung mit Thor führt zur Erörterung von allem, was mit Asgard zu tun hat.

Gebrauchte Jacke aus einem Secondhandladen

DURCHBLICK
Selvigs theoretische Arbeit über die Existenz anderer Welten macht ihn zum perfekten Verbündeten für Thor, nachdem der Ase auf der Erde gelandet ist.

Tasche voll wissenschaftlicher Ausrüstung

Selvig arbeitet im streng geheimen Projekt P.E.G.A.S.U.S. an der Erforschung des Tesserakts. Sein Ziel ist die Freisetzung der Kraft des mystischen Objekts.

WICHTIGE DATEN
ZUGEHÖRIGKEIT: Thor, Dr. Jane Foster, Darcy Lewis, Loki, S.H.I.E.L.D., Avengers
HAUPTSTÄRKEN: Genie, Fachwissen über die asische Mythologie
AUFTRITTE: Thor, The Avengers, Thor: The Dark Kingdom, Avengers: Age of Ultron

DARCY LEWIS

Pfiffige Praktikantin

Jane Foster und Erik Selvig können sich glücklich schätzen, eine so clevere und engagierte Praktikantin wie Darcy Lewis zu haben. Sie hält im Chaos von Thors Exil auf der Erde zu ihnen und schafft es, Selvig aus einer Nervenklinik zu befreien. Mithilfe ihres eigenen Praktikanten Ian Boothby hilft sie sogar dabei, die Invasion der Dunkelelfen zurückzuschlagen.

Burgunderrote
Strickmütze

Modischer Schal

STUDENTENLEBEN

Darcy studiert Politik-wissenschaft. Für ihr Praktikum bei Dr. Foster und Dr. Selvig erhält sie sechs Leistungspunkte, doch der Job erweist sich als völlig anders, als angenommen.

Ihr Handy hält Darcy auf dem Laufenden.

Darcy begrüßt Thor, der ankommt, kurz nachdem Jane Foster durch ein Wurmloch zurückgekommen ist.

Warmer, grauer
Mantel

TEAMSTÜTZE

Ohne Gehalt arbeitet Darcy unermüdlich für Dr. Foster und Dr. Selvig. Während die Wissenschaftler Thors Geschichte und die Existenz Asgards erörtern, hält Darcy sie auf dem Boden der Tatsachen.

WICHTIGE DATEN

ZUGEHÖRIGKEIT: Thor, Dr. Jane Foster, Dr. Erik Selvig, Ian Boothby
HAUPTSTÄRKEN: Ergreift Initiative, Einfallsreichtum
AUFTRITTE: Thor, Thor: The Dark Kingdom

IAN BOOTHBY

Der Praktikant

AUFSTREBENDER FORSCHER

Ian besitzt wissenschaftliches Vorwissen. Er interessiert sich für Ornithologie und studiert Astronomie und Physik. Ian hofft, später einmal in Dr. Fosters Fußstapfen zu treten und ein führender Forscher zu werden.

Schlichte Wintermütze

Jane Fosters Phasenmesser

Cargohosen aus dem Secondhandladen

Ian Boothby ist ein unbezahlter Praktikant, der der Praktikantin von Jane Foster Darcy Lewis assistiert. Gemeinsam entdecken sie ein seltsames Netzwerk interdimensionaler Portale, das nach Svartalfheim führt, der Heimat der rachgierigen Dunkelelfen. Ian hilft Darcy, Dr. Selvig zu finden, als Jane Foster verschwindet, und tut dann alles, um die Dunkelelfen zurückzuschlagen.

ZEITDRUCK

In Greenwich, England, hämmern Ian und Darcy Gravimetrik-Speere in den Boden und beobachten, wie der Anführer der Dunkelelfen Malekith eintrifft und Thor bekämpft.

WICHTIGE DATEN

ZUGEHÖRIGKEIT: Darcy Lewis, Dr. Erik Selvig, Dr. Jane Foster
HAUPTSTÄRKEN: Hilfsbereit, enthusiastisch, loyal
AUFTRITT: Thor: The Dark Kingdom

Ian ist ein stiller, aber hilfreicher Praktikant. Er gibt sich als Selvigs Sohn aus, um diesen aus der Haft zu befreien, und rettet später Darcys Leben.

Wanderstiefel

DESTROYER

Wächter der Waffenkammer

Der Wächter von Odins Waffenkammer wird Destroyer genannt. Der roboterähnliche Aufpasser hat keine mechanischen Teile. Er ist eine magische Panzerhülle, die dazu dient, Odins kostbarste Waffen zu behüten und Vergeltung gegen die Feinde des Allvaters zu üben. Als der Destroyer Thor auf der Erde angreift, wird er durch die Macht von Thors Hammer Mjölnir besiegt.

Innerer Hochofen brennt mit Odinkraft.

„Augen" öffnen sich, um tödliche Schüsse abzugeben.

Magisch verformbarer Metallkörper

FERNGESTEUERT

Gelenkt wird der mächtige Destroyer von Gungnir, dem Königlichen Speer von Asgard. Der Destroyer gehorcht jedem, der den Speer trägt, auch Loki, als dieser den Thron an sich reißt.

Praktisch unzerstörbarer Panzer

WICHTIGE DATEN

ZUGEHÖRIGKEIT: Asgard, Odin, Loki
HAUPTSTÄRKEN: Stärke, nahezu unbesiegbar, Energieschüsse
AUFTRITT: Thor

DESTROYER IN AKTION

Unter der Kontrolle von Loki trifft der Destroyer auf der Erde ein mit dem Ziel, Thor zu eliminieren. Lady Sif und die Tapferen Drei versuchen erfolglos, ihn aufzuhalten.

Schwere Metallfüße zerquetschen Feinde.

Thor hofft, sein Bruder Loki wäre gnädig, und unterwirft sich dem Destroyer, um die Stadt zu retten.

MALEKITH
Anführer der Dunkelelfen

Malekith ist der rachgierige Anführer der Dunkelelfen. Er ist so alt, dass das heutige Universum toxisch auf ihn wirkt. 5000 Jahre wartet Malekith im Tiefschlaf auf die Konvergenz, bei der sich die Neun Welten überlagern. Er plant, den Äther als Waffe einzusetzen, um das Universum in ewige Nacht zu stürzen.

Gesicht durch Thors Blitze vernarbt.

Panzer schützt lebenswichtige Organe vor giftiger Strahlung.

Malekith und seine Truppen kommen zur letzten Schlacht nach Greenwich, England, dem Zentrum der Konvergenz.

Handschuhe, um toxische Objekte berühren zu können

WICHTIGE DATEN

ZUGEHÖRIGKEIT: Dunkelelfen, Äther, Infinity-Steine

HAUPTSTÄRKEN: Stärke, Zähigkeit, Regeneration, lange Lebenszeit, Dunkelelfenarmee, Äther

AUFTRITT: Thor: The Dark Kingdom

Stiefel verhindern Kontakt zu Elementen.

MEISTER IN GEDULD
Der Äther ist eine uralte Kraft unendlicher Vernichtung, die einer roten Wolke aus Gas oder Flüssigkeit ähnelt. Odins Vater Bor stiehlt den Äther und verbirgt ihn vor Malekith, doch der Dunkelelf wartet geduldig, bis Jane Foster ihn wieder entdeckt.

TOTALE KONTROLLE
Malekith entzieht Jane Foster den Äther und überträgt ihn auf sich selbst. Der Äther verdichtet sich zu einem Infinity-Stein, der die Realität kontrolliert, doch für seine immensen Kräfte ist ein hoher Preis zu zahlen.

SCRAPPER

Schrottsammler von Sakaar

Auf dem Müllplaneten Sakaar heißen Ausgestoßene Scrapper. Die meisten, aber nicht alle, sind humanoid. Zunächst wollte der Grandmaster, der Herrscher von Sakaar, ihnen Namen geben, aber zu rasch gingen ihm die Ideen aus, weshalb er ihnen einfach Nummern zuwies. Scrapper durchstöbern den Müll Sakaars nach Wertstoffen, Essbarem und Kostbarkeiten, die sie verkaufen können.

Ahnenkopf-schmuck aus Achselhaar

WICHTIGE DATEN

ZUGEHÖRIGKEIT: Grandmaster, Valkyrie, Sakaar

HAUPTSTÄRKEN: Einfallsreich, widerstandsfähig, hartnäckig

AUFTRITT: Thor: Tag der Entscheidung

Festliche Clanmaske

SCRAPPER-STIL

Scrapper tragen bunte Kostüme aus gesammelten Materialien. Der Grandmaster liebt ausgefallene Kostüme und organisiert zu seiner Unterhaltung Paraden, in denen die schönsten vorgeführt werden.

AUSSORTIERT

Als Thor auf Sakaar strandet wird er sofort von den Scrappern gefangen. Neuankömmlinge werden neuerdings in zwei Kategorien unterschieden: Kämpfer, die als Gladiatoren an den Grandmaster verkauft werden können, ... und Nahrung.

Zusammen-geschustertes Magno-Gewehr

VALKYRIE

Eigensinnige Kriegerin

KOPFGELDJÄGERIN

Auf Sakaar ist Val als Scrapper Nummer 142 bekannt. Sie nimmt Neuankömmlinge auf dem Planeten, wie Thor, gefangen und verkauft sie an den Grandmaster für dessen Wettstreit der Champions. Der Grandmaster hält sie für „die Beste".

Schwert Dragonfang

Val war einst Mitglied bei Asgards Kriegerinnenelite, den Walküren. Als die wutentbrannte Hela sie beim Versuch, aus ihrem Gefängnis auszubrechen, auslöscht, überlebt nur Val. Sie flieht nach Sakaar, um ihre Vergangenheit zu vergessen, doch Thor überredet sie, nach Asgard zurückzukehren und ihm zu helfen, Hela zu bekämpfen.

Zerlumpter Walküren-Umhang

Val legt erneut ihre Walküren-Rüstung an und feuert mit einer Skiff-Kanone auf Helas Wolf Fenris.

Verzierter Ledergürtel

SPORTSPEKTAKEL

An Bord ihres Schiffes *Warsong* schwebt Val über der Arena und sieht dem Kampf zwischen Hulk und Thor zu. Sie zeigt – kurzzeitig – Interesse, als Thor zu gewinnen scheint.

Einer von zwei tödlichen Dolchen

Kostbare Späher-Stiefel

WICHTIGE DATEN

ZUGEHÖRIGKEIT: Walküren, Grandmaster, Asgard, Thor, Hulk
HAUPTSTÄRKEN: Stärke, Tempo, lange Lebenszeit, Beweglichkeit, Kampfgeschick
AUFTRITT: Thor: Tag der Entscheidung

HELA
Göttin des Todes

Hela ist Odins Erstgeborene. Einst führte sie als Vollstreckerin von Asgard Odins Armeen bei seiner Eroberung der Neun Welten. Während Odin Frieden anstrebte, blieb Helas böser Ehrgeiz unstillbar. Sie rebellierte und Odin war gezwungen, seine Tochter einzusperren.

Kopfschmuck ändert die Form nach Belieben.

Mantel der Dunkelheit

Magisches Kostüm repariert sich selbst.

GIER NACH DEM THRON

Als Hela nach Asgard zurückkehrt, ist sie wütend, weil sich niemand an sie erinnert. Asgards Elitekrieger, die Einherjar, versuchen, sie aufzuhalten, doch sie vernichtet die ganze Armee allein.

WICHTIGE DATEN

ZUGEHÖRIGKEIT: Asgard, Hel
HAUPTSTÄRKEN: Fast unbesiegbar, magische Waffen, Stärke, Tempo
AUFTRITT: Thor: Tag der Entscheidung

TÖDLICHE KRÄFTE

Hela kann auf magische Weise eine unbegrenzte Zahl an Waffen wie Nekroschwerter, Äxte und Speere wie aus dem Nichts herbeirufen. Ihr Machtdurst ist unstillbar und sie kennt keine Reue für die Zerstörung, die sie anrichtet.

Hela versuchte schon früher auszubrechen. Bei dem Versuch tötete sie fast alle Walküren Asgards.

SKURGE

Enttäuschter Vollstrecker

Die tödliche Axt wurde von Hela erschaffen.

Skurge meint, Tätowierungen machen ihn attraktiv.

Der Krieger Skurge kämpfte an Thors Seite gegen die Marauders. Später wird ihm die Aufsicht über die Brücke Bifröst zugeteilt, als Heimdall von Loki, der sich als Odin ausgibt, aus Asgard verbannt wird. Als Überlebenskünstler dient Skurge erst Odin, dann aber Hela, um sich bei ihrem Angriff selbst zu retten.

UNVERSTANDEN

Skurge mag bisweilen als Verräter erscheinen, doch seine Motivation ist pures Überleben. Er führt Helas Befehle aus, weil sie ihn sonst vernichten würde. Aber als der Kampf losbricht, versucht er, andere zu schonen.

Von Zwergen geschmiedete Rüstung

Siegel verziert mit seltenen, blauen Juwelen.

LETZTER UNGEHORSAM

Hela rekrutiert Skurge als ihren Vollstrecker, doch ihre Grausamkeit ist ihm zuwider. Als es drauf ankommt, widersetzt sich Skurge seiner Herrin und gibt sein Leben, um das Volk von Asgard zu retten.

Skurge dient als Wächter des Bifröst, nutzt die Gelegenheit aber, um Souvenirs aus den Neun Welten zu plündern.

Stiefelpanzerung mit Gelenken für mehr Bewegungsfreiheit

WICHTIGE DATEN

ZUGEHÖRIGKEIT: Asgard, Bifröst, Hela
HAUPTSTÄRKEN: Stärke, Kampfgeschick, Anpassungsfähigkeit
AUFTRITT: Thor: Tag der Entscheidung

DER GRANDMASTER

Spielmacher

Täglich wechselnde, zur Laune passende Frisur

Kreativer und verschlagener Verstand

Der Grandmaster herrscht über den Planeten Sakaar und ist der Schöpfer der tödlichen Gladiatorenspiele, die Wettstreit der Champions heißen. Er ist eines der ältesten Wesen im Universum und der Bruder des mächtigen und mysteriösen Collector. Von seinem Turmpalast im Stadtzentrum aus pflegt er eine luxuriöse und maßlose Lebensart.

Ring weist seltsamen Juwel auf.

SHOWMASTER
Bei Grandmasters Wettstreit der Champions treten die größten Kämpfer Sakaars zur Unterhaltung des Volkes gegeneinander an. Der Grandmaster verspricht dem Gewinner die Freiheit, doch sein neuester Champion, der Hulk, bleibt gern dabei.

Feudale, goldgewebte Robe

WETTSTREIT DER CHAMPIONS
Der Grandmaster und Loki sehen dem Kampf zwischen Thor und dem Hulk zu. Der Grandmaster will nicht, dass Thor gewinnt und seine Freiheit erlangt, deshalb betrügt er und betäubt Thor mittels einer „Gehorsamkeitsdisk".

Silbern schimmernde Hose

WICHTIGE DATEN
ZUGEHÖRIGKEIT: Sakaar, Topaz, der Collector
HAUPTSTÄRKEN: Lange Lebenszeit, Manipulation, Charisma
AUFTRITT: Thor: Tag der Entscheidung

Blauer Nagellack passt zu Fingernägeln und Kinnstreifen.

Mit seiner treuen Assistentin Topaz, die allzeit gewillt ist, ihren tödlichen Schmelzstock einzusetzen, erklärt der Grandmaster Thor und Loki die Regeln des Wettbewerbs.

TOPAZ

Grimmige Gehilfin

GNADENLOS

Topaz fehlt jegliches Mitgefühl für alle, die sie als unwürdig erachtet. Ihre abschätzige Haltung macht sie zum Feind von jedem, der ihr lästig ist, insbesondere von Valkyrie.

Sakaarianische Gesichtsbemalung

Topaz ist Grandmasters Stellvertreterin und Chefin der Sakaarianischen Garde. Sie übernimmt viele Funktionen, u.a. als Grandmasters Leibwächterin, Vorkosterin, Buchhalterin, Leiterin der planetaren Sicherheit und der Luftwaffe. Sie ist Grandmasters „Problemlöserin" für alle Fälle. Topaz steht fast immer an Grandmasters Seite ... bis sich alle gegen ihn wenden und er gestürzt wird.

Maßgefertigte Rüstung

KURZBESCHLÜSSE

Im Umgang mit dem Volk glaubt Topaz an liebevolle Strenge (mit der Betonung auf „Strenge"). Kurzerhand reicht sie Grandmaster dessen Schmelzstock, wann immer sich jemand nicht fügen möchte.

WICHTIGE DATEN

ZUGEHÖRIGKEIT: Grandmaster
HAUPTSTÄRKEN: Fliegerass, fiese Waffen, Stärke der Sakaarianischen Garde
AUFTRITT: Thor: Tag der Entscheidung

Topaz verfolgt Valkyrie und deren Freunde, doch ihr Schiff stürzt ab – dank Bruce Banner.

KORG

Steingladiator

ETWAS BRÖSELIG

Korg ist ein steinähnlicher Kronan, jedoch etwas kleiner als die meisten und nicht so robust. Weil er so fragil ist, arbeitet er nur als Anheizer vor den Hauptkämpfen.

Körper besteht aus vergänglichem Fels.

Leder-harnisch

Leder-tassetten schützen die Hüften.

Kräftige Fäuste

Korg ist ein Gefangener auf dem Planeten Sakaar, wo er Gladiator im Wettstreit der Champions ist. Als Thor eintrifft, freundet sich Korg mit ihm an. Später helfen Thor und Valkyrie Korg bei der Flucht. Dabei trifft Korg auf Loki und gemeinsam reisen sie nach Asgard.

THORS BEGRÜSSUNG

Korg zeigt Thor die Gladiatorenunterkünfte. Einst versuchte Korg erfolglos, eine Rebellion anzuzetteln. Als Strafe wurde er zum Gladiator gemacht.

Korg und Miek sind Freunde. Nach ihrer Flucht helfen sie in Asgard im Kampf gegen Helas Armeen. Korg tritt aus Versehen auf Miek, doch der überlebt.

WICHTIGE DATEN

ZUGEHÖRIGKEIT: Sakaar, Wettstreit der Champions, Thor, Miek
HAUPTSTÄRKEN: Stärke, Liebenswürdigkeit, Kampfgeschick
AUFTRITT: Thor: Tag der Entscheidung

FENRIS

Untoter Wolf

Bei ihrer Eroberung der Neun Welten reitet Hela einen riesigen, grimmigen Streitwolf namens Fenris. Er fällt im Kampf, doch er wird von Hela mit Odins Ewiger Flamme wiederbelebt. Fenris terrorisiert Asgard, bis er kurz vor dem Beginn Ragnaröks im Kampf gegen den Hulk von Asgards Kante stürzt.

WICHTIGE DATEN

ZUGEHÖRIGKEIT: Hela, Asgard
HAUPTSTÄRKEN: Stärke, Tempo, fast unbesiegbar, Schnellheilung, kräftige Kiefer
AUFTRITT: Thor: Tag der Entscheidung

Durchdringender Blick erkennt Körperwärme.

Raues, filziges Fell

ANIMALISCHE SCHLÄUE

Fenris ist hochintelligent. Auf Helas Geheiß versucht er, die Asen davon abzuhalten, die Regenbogenbrücke zu überqueren. Er hätte es geschafft, wäre da nicht der Hulk.

TÖDLICHE TÖLE

Fenris ist eine furchterregende Bestie. Seine Augen leuchten und seine Haut ist kugelsicher. Seine Zähne sind wie Dolche – und gehören zu den wenigen Dingen, die Hulks harte Haut durchdringen können.

Kräftige, schnelle Beine

CAPTAIN AMERICA

Dieser Mann unterzieht sich einer Körpertransformation, die den Verlauf seines Lebens verändert. Vom kränklichen Jungen aus Brooklyn wandelt sich Steve Rogers zu einem Kriegshelden, Nationalsymbol, Feind der Unterdrückung und ... einem Hauptmitglied der Avengers.

STEVE ROGERS

Freiwilliger Held

Steve Rogers ist ein patriotischer junger Mann aus Brooklyn, New York – und der zukünftige Captain America. Wegen seiner geringen Körpergröße und dürftigen Gesundheit wird er gern übersehen, doch Dr. Abraham Erskine sieht hinter Rogers' Äußeres und erkennt den perfekten Kandidaten für das Projekt Rebirth, ein Geheimprogramm, das Menschen zu Supersoldaten machen soll.

U.S.-Army-M1-Helm

HELDENHERZ

Steve Rogers hält es für seine Pflicht, zu kämpfen wie alle anderen auch. In seinem Herzen sieht er sich als Soldat, doch seine geringe Größe verhindert seine Einberufung.

ZWEITE CHANCE

Als sein bester Freund Bucky ohne ihn in den Krieg zieht, ist Rogers am Boden zerstört. Er bekommt jedoch seine Chance bei der Armee im Projekt Rebirth.

Für das Projekt Rebirth wird Rogers mit sieben Mikroinjektionen des Supersoldaten-Serums, gefolgt von einer Dosis Vita-Strahlen, verwandelt.

U.S.-Army-Feldhemd

Die kleinste Größe ist immer noch zu groß.

JAMES BUCHANAN BARNES

Bester Freund

James Buchanan „Bucky" Barnes ist ein Kindheitsfreund von Steve Rogers. Im Zweiten Weltkrieg tritt er in die Armee ein und wird von der bösen Organisation Hydra gefangen genommen. Die beiden besten Freunde treffen sich wieder, als Rogers Barnes aus einer geheimen Hydra-Anlage befreit. Bucky bleibt an der Seite seines Freundes bis eine tragische Mission die beiden für fast 70 Jahre trennt.

WICHTIGE DATEN

ZUGEHÖRIGKEIT: U.S. Army, Steve Rogers, Howling Commandos
HAUPTSTÄRKEN: Loyalität, Mut, Geschick als Scharf-schütze
AUFTRITTE: Captain America: The First Avenger, The Return of the First Avenger

Wollener Kolani

Tasche enthält Mini-AJB-43-Kommunikator.

Ausgebeulte Fallschirmjäger-Hosentaschen

SCHWERER ABSCHIED

In der Nacht bevor sich Bucky nach Europa einschifft, besuchen Barnes und Rogers die Stark Expo. Es ist das letzte Mal, dass die beiden sich vor Rogers' Transformation sehen.

KAMPFVORTEIL

Als Mitglied des Soldatentrupps Howling Commandos zeigt sich Sergeant Barnes als unüber-troffener Scharfschütze. Er ahnt nicht, dass sein Geschick zum Teil vom Hydra-Forscher Dr. Arnim Zola gesteigert wurde, der Bucky während seiner Gefangenschaft als Testperson benutzte.

U.S.-Fallschirmjäger-stiefel

Barnes und seine alliierten Kamera-den begleiten Steve Rogers zurück zur Basis, nachdem sie der Gefangen-schaft von Hydra entkommen sind.

CAPTAIN AMERICA

Held des Zweiten Weltkriegs

Steve Rogers verwandelt sich durch das Superhelden-Serum in einen Mann von körperlicher Höchstform. Er wird als der Superheld Captain America bekannt und angewiesen, als Aushängeschild für das U.S. Militär zu fungieren. Neben seinen offiziellen Pflichten führt er ein eigenes Team, die Howling Commandos, in einem Krieg gegen die böse Nazi-Organisation Hydra.

Anatomisch angepasster, kugelsicherer Helm

Mehrlagige, feuerfeste Jacke

SCHILD DER FREIHEIT
Caps Hauptwaffe und Markenzeichen ist sein Vibranium-Schild. Im Zweiten Weltkrieg weiß die Welt noch nichts von Wakandas Vibranium-Vorkommen, daher ist der Schild aus dem seltenen Metall einzigartig.

Der frisch verwandelte Steve Rogers benutzt eine Taxi-Tür als Schild, als der Hydra-Agent Heinz Kruger auf ihn schießt.

Geriffelte Lederhandschuhe für besseren Halt

Von Unternehmer Howard Stark entworfener Vibranium-Schild

Blau gefärbte U.S.-Fallschirmjägerhosen

Nach dem Sieg über Hydra stürzt Cap in der Arktis ab und friert im Eis ein. Erst fast 70 Jahre später wird er gefunden.

KRIEGSGEFÄHRTEN
Als sein bester Freund Bucky Barnes gefangen genommen wird, greift Captain America ein. Er rettet Bucky und dessen Kameraden und bildet dann ein neues Team: die Howling Commandos.

Lederne Fallschirmjägerstiefel

WÄCHTER DER FREIHEIT

Moderner Held

Schild haftet magnetisch am Unterarm.

„A"-Logo der Avengers auf Schulter

Nachdem er den Hydra-Anführer Red Skull besiegt hat, liegt Captain America jahrzehntelang eingefroren im Eis. Als er erwacht, vertraut ihm Nick Fury die Führung der Avengers an. Cap kämpft mit ihnen gegen Aliens, Roboter und Terroristen, doch seine größte Aufgabe ist es, die Avengers davor zu bewahren, sich gegenseitig zu vernichten.

Gurt für Schildhalterung am Rücken

KAMPFANZUG

Captain Americas Anzug (entworfen mit der Hilfe von S.H.I.E.L.D.-Agent Phil Coulson) entwickelt sich weiter und wird weniger protzig. Der patriotische Look bleibt erhalten, bis Cap mit in den Kampf gegen Thanos und dessen Alien-Armee zieht.

Satellitenkommunikator in Gürteltasche

MÄCHTIGE FREUNDE

Als Captain der Avengers führt Steve Rogers Thor, Iron Man, Hawkeye, Hulk und Black Widow an. Gelegentlich gerät er mit Thor und Iron Man aneinander.

Tasche enthält Zugangskarte für Quinjet.

WICHTIGE DATEN

ZUGEHÖRIGKEIT: U.S. Army, S.S.R., Howling Commandos, Avengers, S.H.I.E.L.D.
HAUPTSTÄRKEN: Stärke, Beweglichkeit, Tempo, Ausdauer, Führungsqualität
AUFTRITTE: Captain America: The First Avenger, The Avengers, The Return of the First Avenger, Avengers: Age of Ultron, The First Avenger: Civil War, Avengers: Infinity War

Panzergamaschen schützen Unterschenkel.

Cap weigert sich, den Kampf gegen Hydra aufzugeben. Nach dem Ende von S.H.I.E.L.D. zerstört er in Sokovia die letzten Hydra-Stützpunkte.

JOHANN SCHMIDT

Nazi-Schatzjäger

Reichsführer SS Heinrich Himmler befördert Johann Schmidt zum neuen Chef der Wissenschaftsabteilung Hydra. Von seinem abgelegenen Hauptquartier in den Schweizer Alpen aus forscht er nach einem Artefakt namens Tesserakt. Schmidt plant, mit Hydra sowohl die Alliierten als auch Hitler auszuradieren.

Rote Verfärbung um die Augenpartie

HERZLOS

Schmidt fehlt jegliches Mitgefühl und seine Loyalität gilt nur dem eigenen Ehrgeiz. Er benutzt Hydra, um Größe zu erlangen, will diesen Ruhm aber nur für sich selbst.

SS-Uniform wissenschaftlicher Offiziere

Lederne Offiziershandschuhe

AUSSERWELTLICHER ANTRIEB

Schmidt ist von nordischer Mythologie und übernatürlichen Objekten besessen. Ihn interessiert jedoch nicht deren mythologische Bedeutung. Er will sie nur wissenschaftlich erforschen, um sich ihre Kräfte nutzbar zu machen.

Luger Pistole 08 unter der Uniform verborgen

Unbequeme, juckende Wolluniform

In seiner Grausamkeit testet Schmidt seine neuen Energiewaffen sogar an Nazi-Volksgenossen.

SS-Offiziers-Lederstiefel

Unzufrieden mit Dr. Arnim Zolas zögerlicher Herangehensweise, entfesselt Schmidt die ganze Macht des Tesserakts.

RED SKULL

Nazi-Offizier Johann Schmidt wird entsetzlich entstellt, als er Dr. Erskine zwingt, ihm eine frühe Version des Supersoldaten-Serums zu injizieren. Ansonsten zeigt sich das Serum effektiv und steigert Schmidts körperliche Leistung, aber auch seinen herzlosen Ehrgeiz. Fortan nennt er sich „Red Skull".

Gesicht durch Serum vernarbt

Missmutig inspizieren Red Skull und sein Stellvertreter Arnim Zola das Schlachtfeld nach der Niederlage gegen die Howling Commandos.

WICHTIGE DATEN

ZUGEHÖRIGKEIT: Hydra, Infinity-Steine

HAUPTSTÄRKEN: Intelligenz, Ehrgeiz, Tesserakt-Energie-waffen, Hydras Ressourcen, Supersoldaten-Serum

AUFTRITTE: Captain America: The First Avenger, Avengers: Infinity War

Silbernes Koppelschloss mit Hydra-Emblem

BÖSE WIRD BÖSER
Das Supersoldaten-Serum steigert die bereits vor-handenen Eigenschaften des Rezipienten, so auch Red Skulls Selbstsucht, Entschlossenheit und seine gefährliche Machtgier.

Ledermantel über Naziuniform

ROT AUF RÄDERN
Um Red Skulls speziell angefer-tigten Panzerwagen beneiden ihn all seine Nazikameraden. Er wird von Tesserakt-Energie angetrieben und über ein Arma-turenbrett mit speziellen Mess-anzeigen gesteuert.

Militärstiefel

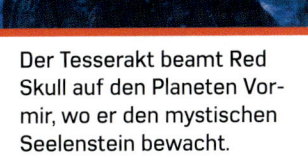

Der Tesserakt beamt Red Skull auf den Planeten Vor-mir, wo er den mystischen Seelenstein bewacht.

PEGGY CARTER

Standhafte Spionin

Agent Peggy Carter dient in der British Air Force und dem Special Air Service bevor sie 1940 der Strategic Scientific Reserve (S.S.R.) beitritt. Carter überwacht in Camp Lehigh das Training der Projekt-Rebirth-Kandidaten und trifft so auf Steve Rogers. Sie verlieben sich ineinander, werden jedoch tragischerweise für fast 70 Jahre voneinander getrennt.

WICHTIGE DATEN

ZUGEHÖRIGKEIT: U.S. Army, S.S.R., Projekt Rebirth, S.H.I.E.L.D., Captain America

HAUPTSTÄRKEN: Entschlossenheit, Klugheit, Loyalität, Aufopferung

AUFTRITTE: Captain America: The First Avenger, The Return of the First Avenger, Avengers: Age of Ultron, Ant Man, The First Avenger: Civil War

S.S.R.-Abzeichen

ANGSTFREIE AGENTIN

Agentin Carter wartet nicht lange auf Befehle. Den Attentäter Heinz Kruger jagt sie zu Fuß, nachdem er das S.S.R.-Labor infiltriert hat.

Carter ist Steve Rogers größte Unterstützerin. Sie begleitet ihn in das Labor, in dem er transformiert wird.

Zweiteilige U.S.-Army-Paradeuniform

Carter wird S.H.I.E.L.D.-Kommandantin. Sie überwacht die Missionen von Hank Pym und Janet van Dyne.

S.H.I.E.L.D.-MUTTER

Peggy Carters Mitwirkung wird von der S.S.R. unterschätzt, bis Howard Stark sie bittet, ihm beim Aufbau einer neuen Geheimorganisation namens S.H.I.E.L.D. zu helfen.

TIMOTHY „DUM DUM" DUGAN

Howling-Commando-Anführer

Sergeant Timothy Dugan ist Gründungsmitglied der Howling Commandos. Sie werden von Captain America geführt, mit dem Ziel, die geheime Nazi-Forschungsorganisation Hydra zu besiegen. Nach Caps Verschwinden übernimmt Dugan die Führung des Teams. Nach dem Krieg arbeitet er für S.H.I.E.L.D. auf Missionen, um Amerika abzusichern.

Die Melone ist Dum Dums unverkennbares Markenzeichen.

Dichter Schnauzbart

KAMPF GEGEN UNRECHT
Dum Dum ist ein enger Freund von Bucky Barnes. Beide werden im Zweiten Weltkrieg von Hydra gefangen genommen und dann von Captain America gerettet. Die Erfahrung motiviert sie zum Zusammenschluss, um Hydra zu vernichten.

Hydra-modifizierte Sten-Mk-II-Maschinenpistole

GEBURT DER HOWLERS
Nach ihrer Rettung vor Hydra erholen sich Dum Dum und seine Freunde in London. Dort bittet sie Captain America, seinem Team beizutreten. Dum Dum ist dabei, will aber, dass Cap zuerst eine Runde ausgibt.

Armeehosen

WICHTIGE DATEN
ZUGEHÖRIGKEIT: U.S. Army, S.S.R., S.H.I.E.L.D., Captain America, Howling Commandos
HAUPTSTÄRKEN: Engagement, Ehre, Mut, U.S.-Army-Training
AUFTRITT: Captain America: The First Avenger

Dum Dum führt die Howling Commandos beim Sturm auf Red Skulls Hydra-Hauptquartier in den Schweizer Alpen an.

GABE JONES

Howling Commando

U.S.-Infanterie-Schiffchen

Vorgeschriebener Militär-haarschnitt

U.S.-Army-Uniform

Nach seinem Universitätsabschluss tritt Gabe Jones der 92nd Division für Schwarze bei. Später wird er gefangen genommen und gezwungen, für Hydra Waffen zu bauen. Jones kommt frei, als Captain America eintrifft, um Bucky Barnes zu befreien. In der Folge tritt Jones den Howling Commandos bei und wird deren Spezialist für schwere Waffen.

GEMEINSAM STARK

Gabe Jones und Dum Dum Dugan sind gute Freunde, die gemeinsam in der Armee dienten. Aus dem Hydra-Gefängnis fliehen sie mit einem gestohlenen Panzer.

FELDEINSATZ

Hinter feindlichen Linien zeigt sich Gabe als nützlicher Team-kamerad. Er fungiert als Übersetzer für die Howlers und ist geschickt im Umgang ungewöhnlicher, er-beuteter Hydra-Waffen und -Fahrzeuge.

WICHTIGE DATEN

ZUGEHÖRIGKEIT: U.S. Army, Howling Commandos
HAUPTSTÄRKEN: Spricht Deutsch und Französisch, Army-Training, Scharfschütze
AUFTRITT: Captain America: The First Avenger

Arnimhilation-99L-Sturmgewehr

JACQUES DERNIER

Howling Commando

Jacques „Frenchie" Dernier stammt aus Marseille. Im Zweiten Weltkrieg wird er von den Nazis gefangen genommen und landet in einem Hydra-Arbeitslager, das Waffen herstellt. Hier freundet er sich mit Dum Dum Dugan und seinen zukünftigen Howling-Commandos-Kameraden an. Nach ihrer Flucht wird er der Sprengstoffexperte der Howlers.

BOMBENLEGER

Jacques Dernier verbessert sich im Bombenbau, indem er als Gefangener Hydra-Ausstattung sabotiert, was ihm eine Woche ohne Essen einbringt. Als er schließlich freikommt, jagt er mit Freuden Hydra-Panzer hoch.

Französische Mütze

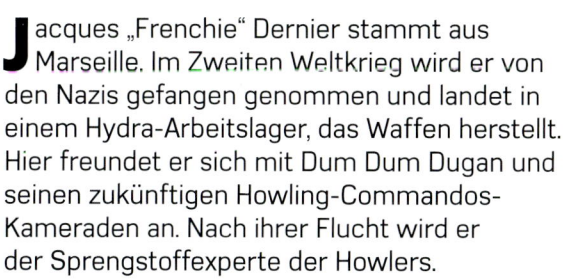

SELF-MADE-SOLDAT

Jacques Dernier war Spion in der französischen Résistance. Er ist der einzige Howling Commando, der nicht offiziell in einer Armee der Alliierten diente.

Hydra-modifizierte Sten Mk II

DATEN

ZUGEHÖRIGKEIT: Französische Résistance, Howling Commandos, Captain America
HAUPTSTÄRKE: Sprengstoffexperte
AUFTRITT: Captain America: The First Avenger

JAMES MONTGOMERY FALSWORTH

Howling Commando

Britisches Fallschirmjäger-Barett mit Union-Flag-Abzeichen

Mills-Granaten

HOCHDEKORIERT

Falsworth ist der Howler mit den meisten Auszeichnungen. Zu seinen Orden gehören der Order of Burma, der Africa Star, die War Medal und die Defence Medal.

Munitionsgürtel

Tasche mit drei Munitionsmagazinen

James Montgomery Falsworth ist ein erfahrener Kampfstratege aus Birmingham, England, und diente als Major bei den britischen Fallschirmjägern. Hydra nahm Falsworth 1943 gefangen und zwang ihn zur Arbeit in einer Waffenfabrik, bevor er floh und den Howling Commandos beitrat.

Sten-Mk-II-Maschinenpistole

Nach ihrer Flucht vor Hydra werden Falsworth und seine Freunde von Captain America gebeten, den Howling Commandos beizutreten. Falsworth sagt als Erster zu.

Jacke aus Wolle und Leder

WICHTIGE DATEN

ZUGEHÖRIGKEIT: Howling Commandos, Captain America
HAUPTSTÄRKEN: Taktiker, Fallschirmjäger, Scharfschütze, Spionage
AUFTRITT: Captain America: The First Avenger

Baumwollgamaschen über Lederstiefeln

KRIEG GEGEN HYDRA

Als Mitglied der Howling Commandos hilft Falsworth bei der Planung eines Feldzugs, der Hydra vernichten soll.

JIM MORITA

Howling Commando

Jim Morita ist ein japanischstämmiger Amerikaner aus Fresno, Kalifornien. Er diente in der U.S. Army bis Hydra ihn gefangen nahm und zur Arbeit in einer Waffenfabrik zwang. Nach seiner Flucht tritt er den Howling Commandos als Kommunikationsspezialist bei, der geheime Übertragungen abfängt.

U.S.-Army-M1941-Jeepmütze

FUNKER

Als Kommunikations-experte fängt Morita Hydras verschlüsselte Nachrichten ab und spürt so den Nazi-Forscher Arnim Zola in einem Zug auf. Er ermöglicht auch Steve Rogers letzten Funk-spruch an Peggy Car-ter, bevor Rogers in der Arktis abstürzt.

U.S.-Army-Jacke

EIN LANGER WEG

Der Feldzug von Morita und den How-lers, der Europa von Hydra befreien soll, zieht sich durch einen kalten Winter in den Alpen, bis sie Red Skulls Geheim-basis einnehmen.

Hydra-Zolanator-2000X-Sturmgewehr

WICHTIGE DATEN

ZUGEHÖRIGKEIT: Howling Commandos, Captain America, U.S. Army

HAUPTSTÄRKEN: Funk- und Telekommunikationsexperte, Scharfschütze, technikbegeistert

AUFTRITT: Captain America: The First Avenger

DR. ARNIM ZOLA

Genialer Ingenieur

Hydras Spitzenwissenschaftler Dr. Arnim Zola ist der Stellvertreter von Johann Schmidt (alias Red Skull). Zola entwickelt Hightech-Waffen und andere fortschrittliche Technologie für Hydra. Er war nicht immer ein Fanatiker, seine Ergebenheit wuchs unter der Führung des Red Skull. Nichtsdestotrotz betrügt er seinen Kommandanten, um sich selbst zu retten.

Fedora aus eleganter Berliner Boutique

Zolas Forschergeist macht ihn zum idealen Rekruten von S.H.I.E.L.D. Er benutzt seine Position jedoch zum Wiederaufbau von Hydra.

Hydra-Anstecknadel

Die Fliege wurde sein Markenzeichen.

SUCHE NACH MACHT

Zola macht die grenzenlose Energie des Tesserakts (der von einem Infinity-Stein gespeist wird) nutzbar, um Waffen für Hydra zu bauen.

GEDANKENKONTROLLE

Vor seinem Tod wird Zolas Verstand in einen Großrechner transferiert. In diesem Zustand entwickelt er einen Algorithmus, den Hydra zur Gefahrenabwehr nutzt.

WICHTIGE DATEN

ZUGEHÖRIGKEIT: Hydra, S.H.I.E.L.D.
HAUPTSTÄRKEN: Wissenschaftsgenie, starker Überlebensdrang
AUFTRITTE: Captain America: The First Avenger, The Return of the First Avenger

HEINZ KRUGER

Hydra-Attentäter

Der ergebene Hydra-Agent Heinz Kruger wird entsandt, um das Supersoldaten-Serum aus einem Labor der Strategic Scientific Reserve (S.S.R.) zu stehlen und den Überläufer Dr. Erskine zu eliminieren. In der Identität des Außenministeriumsagenten Fred Clemson infiltriert er das Projekt Rebirth. Kruger wird erwischt und nimmt sich mit einer Zyanidkapsel das Leben.

Fanatischer Geist durch Hydra-Gehirnwäsche

Verborgene Zyanidkapsel im Zahn

Walther-P.38-Pistole

Thompson-M1928-Maschinenpistole

EIN MANN MIT PLAN

Kruger lässt auf dem Balkon des S.S.R.-Labors eine Bombe detonieren, kurz bevor er das Supersoldaten-Serum stiehlt, Dr. Erskine erschießt und in dessen Auto flieht.

SCHWER ZU FASSEN

Auf der Flucht aus dem S.S.R.-Labor wird Kruger fast von Agentin Carter erschossen. Entschlossen, zu entkommen, flieht er weiter, bis Steve Rogers ihn aus einem abfahrenden U-Boot reißt.

Kruger versucht, im Mini-U-Boot *Fieser Dorsch* zu fliehen.

WICHTIGE DATEN

ZUGEHÖRIGKEIT: Hydra
HAUPTSTÄRKEN: Hydra-Training, Spionage, Fanatismus
AUFTRITT: Captain America: The First Avenger

DR. ABRAHAM ERSKINE

Supersoldaten-Schöpfer

Der talentierte deutsche Forscher Dr. Abraham Erskine erregte mit der Entwicklung des Supersoldaten-Serums Hitlers Aufmerksamkeit. Nazi-Offizier Johann Schmidt nimmt ihn gefangen und zwingt Erskine, ihm die ungetestete Formel zu injizieren. Erskine flieht und schließt sich der Strategic Science Reserve (S.S.R.) und deren Projekt Rebirth an.

Fedora

Brille mit Korrekturgläsern

WICHTIGE DATEN

ZUGEHÖRIGKEIT: Strategic Scientific Reserve, Projekt Rebirth
HAUPTSTÄRKEN: Forscherdrang, weise, liebenswürdig, hohe Moral
AUFTRITT: Captain America: The First Avenger

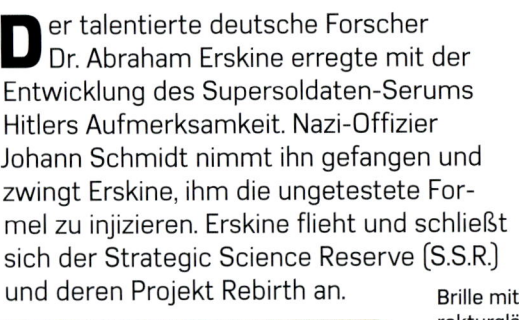

ZUSTIMMUNG

Beeindruckt von Steve Rogers fünf Versuchen, sich einzuschreiben, bewilligt Erskine Rogers' Militärbewerbung.

Aus Sorge um Rogers, weist Erskine Howard Stark an, das Experiment abzubrechen, doch Rogers will weitermachen.

Maßgeschneiderter Dreiteiler

HELDENSUCHE

Erskines Supersoldaten-Formel verstärkt die Persönlichkeit. Daher sucht Erskine als Testperson einen gutherzigen Menschen aus: Steve Rogers.

HOWARD STARK

Erfinder und Geschäftsmann

MULTITALENT

Howard Stark ist ein Ingenieur, Erfinder, Unternehmer, Hasardeur und gerissener Geschäftsmann. Seine selbstsichere Art stößt vielen auf, auch seinem Sohn Tony, wobei dieser später im Leben seinen Vater zu schätzen lernt.

Pomadige
Frisur

Nobler Anzug,
um Investoren
zu beeindrucken

Howard Stark ist der Vater von Tony Stark. Im Zweiten Weltkrieg entwickelt er bei der Strategic Scientific Reserve (S.S.R.) Ausrüstung für Captain America und die Howling Commandos. Nach dem Krieg gründet er mit Peggy Carter S.H.I.E.L.D. Später verärgert er Hank Pym mit dem Versuch, dessen Ant-Man-Technologie zu duplizieren.

NACHKONSTRUKTION

Hydra erschafft fortschrittlichste Technologie dank eines mystischen Objekts namens Tesserakt. Stark untersucht Hydra-Hardware, um daraus etwas noch Besseres für die Alliierten zu machen.

Howard Stark baut und wartet die gesamte Technologie der S.S.R.-Labore. Bei Steve Rogers' Transformation übernimmt er die Steuerelemente.

Zwei komplexe Entwürfe standen zur Auswahl, doch Captain America entschied sich für den runden, von Stark entworfenen Vibranium-Schild.

WICHTIGE DATEN

ZUGEHÖRIGKEIT: S.S.R., S.H.I.E.L.D., Stark Industries
HAUPTSTÄRKEN: Zielstrebigkeit, Forscherdrang, kreativ, reich
AUFTRITTE: Iron Man 2, Captain America: The First Avenger, Ant-Man, The First Avenger: Civil War

WINTER SOLDIER

Bionisch-bewaffneter Soldat

Hydra nimmt Bucky Barnes im Zweiten Weltkrieg gefangen und Dr. Arnim Zola experimentiert mit ihm. Sein Gehirn wird umprogrammiert, um ihn in eine Geheimwaffe zu verwandeln: den Winter Soldier. Zur Verzögerung der Alterung verbringt er Missionsauszeiten im Tiefschlaf. Dann erwacht er mit dem Befehl, Nick Fury und Captain America zu vernichten.

Augenschwärze als Blendschutz und um Identität zu verbergen.

Sowjetischer, roter Stern auf Metallarm

WICHTIGE DATEN

ZUGEHÖRIGKEIT: Hydra, Avengers, Captain America
HAUPTSTÄRKEN: Stärke, Tempo, Beweglichkeit, Ausdauer, kybernetischer Arm
AUFTRITTE: The Return of the First Avenger, Ant-Man, The First Avenger: Civil War, Avengers: Infinity War

DOPPELT VERGESSEN

Munitions-gürtel

Buckys Erinnerungen kehren stückweise zurück: sein Sturz, Zolas Austausch seines Armes und frühes Training. Er erinnert sich auch an Steve Rogers. Als Reaktion darauf befiehlt Hydra-Anführer Alexander Pierce, Buckys Verstand erneut zu löschen.

Sowjetischer Pilotenhandschuh von 1975

Hose sowjetischer Spezialeinheiten

FAST FEHLERFREI

Der Winter Soldier ist dank sowjetischem und Hydra-Training ein Meisterattentäter. Wird seine Programmierung aktiviert, ist er eine reuelose Tötungsmaschine, auf deren Konto sogar Tony Starks Eltern gehen. Seine einzige „Schwäche" sind seine Erinnerungen an seine Vergangenheit und sein eigentlich gutes Ich.

Der Winter Soldier kämpft auf offener Straße gegen Captain America und erkennt dabei seinen alten Freund wieder.

Alte, russische Armeestiefel

JAMES BUCHANAN BARNES

Bionisch-bewaffneter Held

Steve Rogers Versuche, seinen gehirngewaschenen Freund anzusprechen, wecken schließlich Buckys Erinnerungen. Als Flüchtiger versucht Bucky, sich an seine Vergangenheit zu erinnern. Derweil schiebt ihm der Terrorist Helmut Zemo den Bombenanschlag des Sokovia-Abkommens unter, was Bucky ins Zentrum des Civil War der Avengers rückt. Zuflucht findet er in Wakanda.

Langes, ungepflegtes Haar

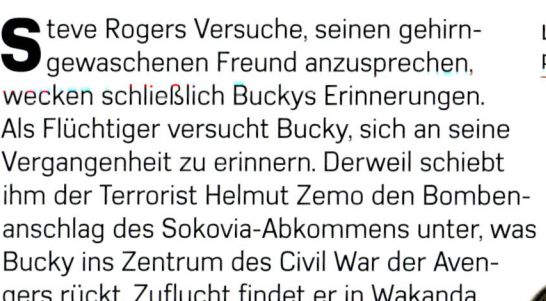

Nach Buckys Genesung ruft ihn König T'Challa zurück in den Militärdienst, als Thanos angreift.

KAMPF DER HELDEN
Als sich ein interner Kampf unter den Avengers anbahnt, hält Bucky zu seinem alten Freund Steve Rogers. Auf dem Flughafen Leipzig/Halle treten sie Tony Stark entgegen.

Roter Stern fehlt inzwischen.

Wakandanischer Vibranium-Arm

Fallschirmjäger-M249-SAW-Sturmgewehr

WEISSER WOLF
In Wakanda ist Bucky als der Weiße Wolf bekannt. König T'Challa hegt wegen des Todes seines Vaters keinen Groll mehr gegen Bucky, nachdem er erfahren hat, dass der Schurke Helmut Zemo der eigentliche Verantwortliche ist.

Bucky und Rocket geben in der Schlacht von Wakanda ein gutes Team ab. Rocket beneidet Bucky allerdings um dessen Hochleistungswaffen.

Schwarze Cargohosen

FALCON

Hochfliegender Held

Nach dem Ausscheiden aus dem Militärdienst arbeitet der U.S.-Air-Force-Rettungsspringer Samuel Thomas Wilson im Veteranenministerium. Er freundet sich mit Steve Rogers an und hilft Natascha Romanoff, Hydra zu bekämpfen. Er tritt den Avengers bei und kämpft gegen Thanos' Invasion von Wakanda.

Intelligente Brille ist mit Redwing verbunden.

Kugelsicherer Brustpanzer

WICHTIGE DATEN

ZUGEHÖRIGKEIT: U.S. Air Force, Avengers, Captain America
HAUPTSTÄRKEN: Air-Force-Training, Fliegen, Schilde, Drohne Redwing
AUFTRITTE: The Return of the First Avenger, Avengers: Age of Ultron, Ant-Man, The First Avenger: Civil War, Avengers: Infinity War

Flexible Körperpanzerung

Handschuh mit Touchpad-steuerung für Redwing

FLIEGEN UND SIEGEN

Falcons Exoanzug besitzt Miniaturtriebwerke, die seinen Flug beschleunigen. Die Flügel können als Waffen eingesetzt werden.

Gelenkige, mechanische Armschiene

Redwing startet auf Stimmkommando und hat ausfahrbare Flügel, Zwillingskanonen und Langstrecken-Scan-Kameras.

LUFT-KLUFT

Sam Wilson fliegt mit einem EXO-7-Falcon-Jetpack. Auf seinem Rücken sitzt Redwing, eine kleine manövrierfähige Drohne von Stark Industries.

Verstärkte Knieschoner für harte Landungen

Nylon-verstärkte Mylar-Flügel

Stoßdämpfende Landestiefel

SHARON CARTER

Codename: Agent 13

WILLENSSTARK

Carter legt sich gern mit ihren Vorgesetzten an, sowohl bei S.H.I.E.L.D. als auch bei der CIA. Das bringt ihr Feinde ein. Zum Glück hat sie ein Händchen dafür, immer die richtige Seite zu wählen.

Motiviert, in die Fußstapfen ihrer Großtante Peggy Carter zu treten, tritt Sharon Carter S.H.I.E.L.D. bei. Nick Fury setzt sie zur Überwachung von Steve Rogers ein. Nach S.H.I.E.L.D.s Ende wird Sharon Carter von der CIA rekrutiert. Sie arbeitet mit Everett Ross im Terrorismusabwehrzentrum in Berlin.

Als Carter bei der Bestattung ihrer Großtante Peggy spricht, erfährt Steve Rogers, dass die beiden verwandt sind.

Einsatzweste für Außendienst

AUFRECHTE AGENTIN

Sharon Carter arbeitet auch während der Hydra-Infiltration noch für S.H.I.E.L.D. Sie unterstützt Steve Rogers, Natasha Romanoff und Nick Fury.

Nach Peggys Beerdigung kommen Sharon und Steve zusammen. Sie hilft ihm, den flüchtigen Bucky Barnes zu finden und zu schützen.

Knöchelhohe Mehrzweckstiefel

Flexible Hose

WICHTIGE DATEN

ZUGEHÖRIGKEIT: S.H.I.E.L.D., CIA, Steve Rogers, Terrorismusabwehrzentrum, Everett Ross

HAUPTSTÄRKEN: S.H.I.E.L.D.- und CIA-Training, Spionage, Entschlossenheit

AUFTRITTE: The Return of the First Avenger, The First Avenger: Civil War

JASPER SITWELL

Hydra-Doppelagent

Jasper Sitwell ist ein altgedienter S.H.I.E.L.D.-Agent mit reichlich Erfahrung. Agent Phil Coulson beauftragt ihn, den New-Mexico-Vorfall um Thor und dessen Hammer zu vertuschen. Sitwell obliegt auch die Lokalisierung von Loki kurz vor der Chitauri-Invasion. Später stellt sich jedoch heraus, dass er ein verdeckter Hydra-Agent ist.

WICHTIGE DATEN

ZUGEHÖRIGKEIT: S.H.I.E.L.D., Hydra
HAUPTSTÄRKEN: Hydra- und S.H.I.E.L.D.-Training, oberste Sicherheitsfreigabe
AUFTRITTE: Thor, The Avengers, The Return of the First Avenger

Cleverer, aber durchtriebener Verstand

S.H.I.E.L.D.-Reversnadel belustigt andere Hydra-Ergebene

AN DER SPITZE

Sitwell übernimmt das Kommando, als Steve Rogers die Befehle seiner Vorgesetzten missachtet. Sitwell beauftragt Brock Rumlow und dessen S.T.R.I.K.E.-Team, Rogers zu jagen.

Sitwell ist ein Bürohengst. Er schickt andere in Gefahreneinsätze, während er in Sicherheit bleibt.

IN GEFAHR

Wie die meisten Hydra-Agenten hält sich Jasper Sitwell für einen Guten. Nichtsdestotrotz sieht sein Chef Alexander Pierce ein Risiko in ihm und schickt den Winter Soldier los, um Sitwell auszuschalten.

GEORGES BATROC

Geiselnehmer

Der hochqualifizierte Söldner Georges Batroc wird angeheuert, um das S.H.I.E.L.D.-Schiff *Lemurian Star* zu entführen. Batroc entert es und nimmt die Passagiere als Geiseln. Seine Mission wird abgebrochen, als Agent Brock Rumlow, Captain America und Black Widow das Schiff zurückerobern. Batroc flieht, wird später aber geschnappt.

Batroc hört S.H.I.E.L.D.-Übertragungen ab. Als Funkstille herrscht, weiß er, dass etwas nicht stimmt.

Einsatzweste mit Kampfausrüstung

Wurfmesser

Lieblingssportjacke in Rot und Gold

Paramilitärische Stiefel

MANN GEGEN MANN

Captain America jagt Batroc an Deck, wo es zum Kampf kommt. Als Batroc höhnt, Cap bestünde nur aus seinem Schild, schnallt Cap sich diesen auf den Rücken.

WICHTIGE DATEN

ZUGEHÖRIGKEIT: Söldner
HAUPTSTÄRKEN: Experte in Kampfkünsten (insbesondere Savate), Munitionsexperte, Spionage, Militärtaktiken
AUFTRITT: The Return of the First Avenger

ERNST ZU NEHMEN

Batroc ist ehemaliges Mitglied der französischen Fremdenlegion und des Geheimdienstes DGSE. Interpol fahndet wegen Gewaltverbrechen nach ihm.

BROCK RUMLOW

S.H.I.E.L.D.-Verräter

S.H.I.E.L.D.-Agent Brock Rumlow ist Leiter des verdeckten S.T.R.I.K.E.-Teams und kurzzeitig Partner von Captain America und Black Widow. Der ehrgeizige Agent und Nahkampfexperte arbeitet insgeheim für Hydra und hat den Auftrag, Captain America zu töten.

Einsatzuniform für Spezialeinheiten

KÖNNER & KILLER

Brock Rumlow ist ein Meisterschütze und in einem breiten Waffenspektrum geübt. Mit Gewehren, Pistolen, Messern und Granatwerfern arbeitet er als verdeckter Attentäter gegen Piraten und Terroristen.

Versteckt getragene, kugelsichere Weste

Pistolenholster

S.T.R.I.K.E.-Fallschirmjägerhosen

TOP-S.H.I.E.L.D.-AGENT

Rumlow leitet das S.T.R.I.K.E.-Team, zu dem auch Captain America und Black Widow gehören, um das Schiff *Lemurian Star* von Piraten zurückzuerobern und die Gefangenen zu befreien.

Wurfmesser

Steyr AUG A3 mit DCL-110-Leuchtpunktvisier

S.H.I.E.L.D.-Kampfstiefel

Rumlow führt lediglich Befehle aus. Als er sich gegen seinen Teamkameraden Captain America wendet, ist das nicht persönlich ... noch nicht.

CROSSBONES

Söldner auf Rachefeldzug

Brock Rumlow erleidet während der Hydra-Infiltration schwere Verbrennungen und Nervenschäden. Als Hydra und S.H.I.E.L.D. von der Bildfläche verschwinden, nimmt Rumlow den Codenamen Crossbones an und arbeitet als Söldner und Terrorist. Außerdem will er Rache an Captain America nehmen, der sein früheres Leben zerstört hat.

Die Maske verbirgt furchtbare Narben.

Gekreuzte Knochen auf dem Brustpanzer

Kugelsicherer Körperpanzer

DURCHGELADEN

Das Fahrzeug, mit dem Crossbones in Lagos, Nigeria, eintrifft, um eine tödliche Biowaffe zu rauben, ist mit einem MK19-Granatwerfer sowie weiterem schweren Militärgerät bestückt.

Zusatzmunition und Handschuhzubehör

Mechanische Kampfhandschuhe

KRAFTVERSTÄRKER

Crossbones trägt ein Paar kraftverstärkende Kampfhandschuhe, deren Hiebe seine Gegner durch die Luft fliegen lassen. Mit ausgefahrenen Klingen bedeuten sie den sicheren Tod.

WICHTIGE DATEN

ZUGEHÖRIGKEIT: S.H.I.E.L.D., Hydra
HAUPTSTÄRKEN: S.H.I.E.L.D.- und Hydra-Training. Crossbones: Immun gegen Schmerz und Betäubung, Spezialhandschuhe
AUFTRITTE: The Return of the First Avenger, The First Avenger: Civil War

Separate Kniepanzer für Flexibilität

Crossbones zündet eine Bombe in seinem Anzug, in der Hoffnung, Captain America bei der Explosion mit in den Tod zu reißen.

Feuerfeste Schutzstiefel

DIE AVENGERS

Die Avengers sind ein Team ungewöhnlicher Talente, zusam-
mengeschmiedet von S.H.I.E.L.D.s Nick Fury, um die Welt vor
außerirdischen Bedrohungen zu beschützen. Sie bekämpfen
Terroristen, Androiden und Alienarmeen und geraten in einen
Krieg um die kostbaren und mächtigen Infinity-Steine.

NICK FURY

Direktor von S.H.I.E.L.D.

Colonel Nicholas „Nick" Joseph Fury ist der ruppig-nüchterne Leiter von S.H.I.E.L.D. und Gründer der Avengers-Initiative. Er täuscht den eigenen Tod vor, um die Hydra-Infiltration zu überleben, steht aber weiterhin hilfreich zur Verfügung als Ultron die Erde bedroht. Fury ruft auch Captain Marvel, als Thanos die Infinity-Steine beherrscht.

Augenklappe verdeckt blindes Auge.

Kugelsichere 9-Schichten-Kevlarweste

VOLL DABEI

Nick Fury pflegt einen aktiven Kommandostil. Statt im Büro zu sitzen, zieht er die Brücke des S.H.I.E.L.D.-Helicarriers vor, wo er direkt mit seinen Agenten interagieren kann.

Nick Fury ist der Erste, der Steve Rogers nach dessen Wiedererwachen instruiert.

Smith & Wesson M&P halbautomatische Pistole

BLEIBENDER BEISTAND

Nach S.H.I.E.L.D.s Ende arbeitet Fury im Verborgenen. Maria Hill behält die Avengers im Auge und ermöglicht Fury, bei Bedarf einzugreifen, etwa bei der Evakuierung der Zivilisten in Sokovia.

WICHTIGE DATEN

ZUGEHÖRIGKEIT: S.H.I.E.L.D., Avengers
HAUPTSTÄRKEN: Überlebenskünstler, Führungsstärke, CIA-Training, S.H.I.E.L.D.-Ressourcen
AUFTRITTE: Iron Man, Iron Man 2, Captain America: The First Avenger, The Avengers, The Return of the First Avenger, Avengers: Age of Ultron, Avengers: Infinity War, Captain Marvel

Verborgenes Messer im Stiefel

Standard-S.H.I.E.L.D.-Stiefel enthalten Sicherheits-Mikrochips.

MARIA HILL

Vizedirektorin von S.H.I.E.L.D.

Verschlüsselter Ohrknopf
von Stark Industries

Feuerfester
S.H.I.E.L.D.-
Overall

Agentin Maria Hill ist Vize-
direktorin von S.H.I.E.L.D.
Sie arbeitet eng mit Nick Fury
zusammen. Auch wenn sie nicht
immer einer Meinung sind, bieten
ihre unverblümten Bewertungen
für Fury zuverlässige Alterna-
tiven. Als Hydra S.H.I.E.L.D.
infiltriert und Fury seinen
Tod vortäuschen muss,
ist Hill die Einzige, der er
völlig vertraut.

TAKTIKSPEZIALISTIN

Wie ihr Chef arbeitet Hill selbst-
sicher von der Brücke des
S.H.I.E.L.D.-Helicarriers aus. Sie
bietet entscheidende Unterstützung bei der Schlacht von New
York und bei Ultrons Angriff auf
Sokovia.

NICK FURYS
RECHTE HAND

Nach dem Ende von S.H.I.E.L.D.
ist Maria Hill für Nick Fury
Augen und Ohren und ein
geheimer Kommunikations-
kanal zu den Avengers
und anderen verdeckten
Agenten im Einsatz.

Glock-19-Pistole in
verstellbarem Holster

Verheilte
Verletzung
an dieser Stelle

WICHTIGE DATEN

ZUGEHÖRIGKEIT: S.H.I.E.L.D., Aven-
gers, Stark Industries, Nick Fury
HAUPTSTÄRKEN: Entschlossenheit,
Führungsstärke, S.H.I.E.L.D.-Training
AUFTRITTE: The Avengers, The
Return of the First Avenger, Aven-
gers: Age of Ultron, Avengers: Infinity
War, Captain Marvel

Taschenpistole im
Stiefel verborgen

Als Mitarbeiterin von Stark Industries
führt Hill ihre Zusammenarbeit mit
den Avengers fort und bietet wertvolle Unterstützung.

DR. BRUCE BANNER

Strahlungsexperte

Der sanftmütige Forscher Bruce Banner nimmt an einem Militärprogramm zur Nachbildung des Superhelden-Serums, das Captain America hervorbrachte, teil. Ein Laborunfall verwandelt ihn in den Hulk – eine von purer Wut kontrollierte Bestie. Banners Fachwissen erweist sich für die Avengers als ebenso hilfreich wie sein gewaltiges Alter Ego.

WICHTIGE DATEN

ZUGEHÖRIGKEIT: S.H.I.E.L.D., Wettstreit der Champions
HAUPTSTÄRKEN: Wissenschaftlicher Scharfsinn, Kreativität, Einfallsreichtum. Hulk: übermenschliche Stärke, Zähigkeit, Regeneration, Weitsprung, Tempo
AUFTRITTE: Der Unglaubliche Hulk, The Avengers, Avengers: Age of Ultron, Thor: Tag der Entscheidung, Avengers: Infinity War

Zerzaustes Haar

SUPERTEAM

Wenn sich ihre Fertigkeiten in Technologie, Wissenschaft und Innovation vermengen, geben Banner und Stark ein großartiges Forscherteam ab.

Verschränkte Arme weisen auf Schüchternheit hin.

Jacke aus einem Secondhandladen

Starks Hulkbuster-Anzug wird eigens zur Bändigung des Hulk konstruiert. Banner legt ihn für die Schlacht von Wakanda an, doch gegen Thanos unterliegt er.

UNTER KONTROLLE?

Bruce Banner und Hulk ringen permanent um die Kontrolle ihres gemeinsamen Körpers. Banner fürchtet, den Kampf zu verlieren, insbesondere nachdem er mehrere Jahre als Hulk auf dem Planeten Sakaar zubrachte.

Die Verwandlung in den Hulk ist ein schmerzhafter Vorgang. Banner hasst den Kontrollverlust dabei.

HULK

Mensch und Monster

D er Hulk ist Bruce Banners monströses Alter Ego. Nachdem er einer hohen Dosis Gammastrahlen ausgesetzt war, verwandelt sich Banner jetzt immer bei Wut, Nervosität oder Verletzung in den Hulk. Der Hulk ist ein wertvolles Avengers-Mitglied, aber er und Banner leben in einer Hassliebe, in der sie um die Kontrolle ihres Körpers ringen.

Die Faust kann Löcher in Mauerwände schlagen.

WUT AUF ALIENS

Der Hulk hilft den Avengers im Kampf gegen die außerirdischen Chitauri, die New York angreifen.

DIE KRÄFTE BÄNDIGEN

Nach seinen ersten Verwandlungen erkennen die Avengers die Risiken seiner erbarmungslosen Stärke und sie fürchten sich, Banners Alter Ego zu wecken. Mit der Zeit lernen sie jedoch, Hulks Stärke zu ihrem Vorteil zu nutzen.

Die Beine ermöglichen Sprünge über Hunderte Meter.

Die Füße können Autos zertreten.

Auf dem Planeten Sakaar endet der Hulk als führender Gladiator in einem Wettbewerb namens Wettstreit der Champions.

Nach der Niederlage gegen Thanos wird Hulk wieder zu Banner und beschließt, sich nie wieder zu verwandeln.

BLACK WIDOW

Superspionin

KGB-Agentin Natalia Allanovna „Natasha" Romanoff war einst eine Top-Attentäterin. S.H.I.E.L.D.-Agent Clint Barton sollte sie töten, erkannte jedoch ihr Potenzial und rekrutierte sie stattdessen. Sie setzt ihr Spionagegeschick für S.H.I.E.L.D. ein, infiltriert Stark Industries, verbündet sich mit Captain America und kämpft bei den Avengers.

Ausfahrbarer Elektroschockstab

EINSAME LIEBE
Ihre gemeinsame Abkapselung von der Gesellschaft verbindet Natasha und Bruce Banner. Ihre Beziehung ermöglicht ihr, den tobenden Hulk zu besänftigen, doch als er an Bord des Quinjets verschwindet, ist sie wieder allein.

„Witwenbiss"-Handschuhe

Gewelltes, rotes Haar

Black Widow-Sanduhrsymbol

Black Widow passt sich allen Situationen an. Im Kampfe gegen Proxima Midnight in Schottland setzt sie deren eigene Waffen gegen sie ein.

WITWENBISS
Black Widow trägt an beiden Handgelenken einen „Witwenbiss"-Elektroschockhandschuh, der Gegner ausschaltet oder Betäubungsprojektile abfeuert.

Von der Undercover-Assistentin bis zum Sokovia-Abkommen verbindet Romanoff eine lange Beziehung zu Tony Stark.

Flexible Kniepanzer

Titangepanzerte Stiefel

WICHTIGE DATEN
ZUGEHÖRIGKEIT: S.H.I.E.L.D., Avengers, Tony Stark
HAUPTSTÄRKEN: Attentätertraining, Kampfkünste, Beweglichkeit, Spionage, Spezialhandschuhe, Elektroschockstäbe
AUFTRITTE: Iron Man 2, The Avengers, The Return of the First Avenger, Avengers: Age of Ultron, The First Avenger: Civil War, Avengers: Infinity War

HAWKEYE
Bester Bogenschütze

Der stets konzentrierte und doch gut gelaunte S.H.I.E.L.D.-Agent Clint Francis Barton (Codename: Hawkeye) ist ein Experte mit dem Bogen und hat ein ganzes Arsenal Spezialpfeile. Er wird Gründungsmitglied der Avengers während einer von Loki geplanten Alien-Invasion. Barton will seiner Familie zuliebe aussteigen, wird später aber in den Civil War der Avengers gezogen.

Zusammen-klappbarer Recurve-bogen

Pfeilauflage

LANGE GESCHICHTE

Barton und Natasha Romanoff führen ein vertrautes Verhältnis. Als Romanoff noch Sowjetagentin war, sollte Barton sie ausschalten. Als er aber Natashas Potenzial erkannte, rekrutierte er sie stattdessen.

In der Tunika steckt ein Familienfoto.

WICHTIGE DATEN

ZUGEHÖRIGKEIT: S.H.I.E.L.D., Avengers, Loki, Captain America
HAUPTSTÄRKEN: Meisterschütze mit Spezialpfeilen, S.H.I.E.L.D.-Training, akrobatisches Geschick
AUFTRITTE: Thor, The Avengers, Avengers: Age of Ultron, The First Avenger: Civil War

MEISTERSCHÜTZE

Hawkeye ist Linkshänder. Sein maßgefertigter Bogen hat eine Fernsteuerung für den mechanisierten Köcher, der Spezialpfeile bereitstellt. Unter den Pfeilspitzen sind Greifhaken, elektromagnetische Impulspfeile, Blendgranaten, Zeitbomben und Druckzünder.

Gekleidet für kaltes sokovianisches Wetter

Ein gebeugtes Knie hilft, den Bogen stärker zu spannen.

Schnallen für optionale Waffenholster

Bei der Schlacht von New York lauert Hawkeye nahe des Stark Towers und schießt mit Explosivpfeilen Chitauris ab.

THANOS

Gnadenloser Warlord

Thanos ist ein mächtiger Warlord vom Planeten Titan, der die halbe Bevölkerung des Universums auslöschen will. Er glaubt, dass er damit eine Balance herstellt, weil sonst die Überbevölkerung alle Ressourcen aufbrauchen würde. Mithilfe seiner „Kinder" baut Thanos eine Armee auf und erbeutet die Infinity-Steine, die ihm absolute Macht geben, um sein Ziel zu erreichen.

Thanos besitzt imposante Kraft. An Bord von Thors gekapertem Schiff besiegt und erniedrigt er mühelos den Hulk.

Infinity-Handschuh mit allen sechs Steinen

Die geballte Faust aktiviert den Handschuh.

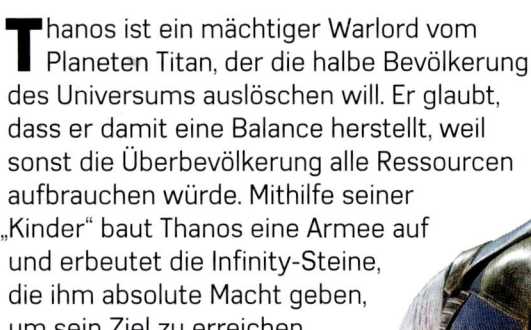

VERRAT

Thanos führt eine komplexe Beziehung zu seiner Adoptivtochter Gamora, die er als Kind entführte. Sie versucht, ihn auf der Raumstation Knowhere zu beseitigen, bevor er sich alle Steine aneignet.

DER INFINITY-HANDSCHUH

Thanos zwingt den Zwergenschmied Eitri, einen Handschuh zu schmieden, der die Macht der Infinity-Steine bündeln kann. Die sechs Steine kontrollieren Raum, Zeit, Macht, Gedanken, Seelen und Realität. Thanos holt sie sich alle.

WICHTIGE DATEN

ZUGEHÖRIGKEIT: Chitauri-Armee, Ronan der Ankläger

HAUPTSTÄRKEN: Stärke, Ausdauer, Infinity-Handschuh, Chitauri-Armee

AUFTRITTE: The Avengers, Guardians of the Galaxy, Avengers: Age of Ultron, Avengers: Infinity War

Aus Visions Stirn erbeutet Thanos den letzten Infinity-Stein und kann somit das halbe Universum auslöschen.

CHITAURI

Außerirdische Invasoren

Die Chitauri sind eine Rasse kybernetischer Aliens, die in Thanos' Armee dienen. Mit ihnen verwüstet er Planeten wie Gamoras Heimat Zen-Whoberi. Thanos stellt die Chitauri Loki für dessen Eroberung der Erde zur Verfügung, doch die Invasion scheitert. In der Folge fallen die fortschrittlichen Waffen der Aliens in die Hände menschlicher Krimineller und Terroristen.

WICHTIGE DATEN

ZUGEHÖRIGKEIT: Thanos, Loki, der Other
HAUPTSTÄRKEN: Stärke, Anzahl, Leviathan-Schiffe, fortschrittliche Waffen
AUFTRITTE: The Avengers, Avengers: Infinity War

Schädelfusionierte Metallplatte

FATALER FEHLER

Die Chitauri sind eine Übermacht, doch sie haben einen Schwachpunkt: Ihr Schwarmdenken benötigt eine Verbindung zu einem Mutterschiff. Die Avengers zerstören es und schließen das Wurmloch der Chitauri, sodass diese gestrandet sind und verenden.

CHAOS IN MANHATTAN

Nach ihrer Ankunft in New York entsteigen die Chitauri ihren riesigen Cyborg-Drachen und beginnen ihren Angriff auf die Stadt. Piloten auf fliegenden Streitwagen gehen aus der Luft gegen die Avengers vor.

Atemapparat

Metallenes Exoskelett

Energiekanone

Doppeldaumen

Die Chitauri-Armee erreicht die Erde durch ein Wurmloch, das Dr. Selig mit einem Artefakt namens Tesserakt öffnete.

SCARLET WITCH

Mystische Magierin

Wanda Maximoff und ihr Bruder Pietro erlangen außergewöhnliche Kräfte als Freiwillige bei Hydra-Experimenten, bei denen der mystische Infinity-Stein aus Lokis Zepter benutzt wird. Obwohl sie als Feind der Avengers loslegt, wird Wanda nach der Niederlage von Ultron offiziell ein Teil des Teams.

Geistige Kräfte ermöglichen Telepathie.

Erhobene Arme, um Kräfte zu projizieren

Wirbel tele-kinetischer Energie

In Wakanda bekämpft Wanda Thanos' Streit-macht, solange sie kann, doch sie und ihr Avengers-Kamerad Vision verlieren den Kampf.

ERSCHRECKENDE ERKENNTNIS

Zuerst ist Wanda unfähig, Ultrons mechanischen Verstand zu erspüren, doch als der Androide sich selbst in einen „synthezoiden" Körper hinunter-lädt, kann Wanda plötzlich seine bösen Absichten lesen.

Roter Ledermantel

WICHTIGE DATEN

ZUGEHÖRIGKEIT: Hydra, Ultron, Avengers, Captain America, Vision, Quicksilver
HAUPTSTÄRKEN: Telekinetische Energie-projektion, Levitation, Gedankenkontrolle, Telepathie
AUFTRITTE: The Return of the First Avenger, Avengers: Age of Ultron, The First Avenger: Civil War, Avengers: Infinity War

Hochhackige Lederstiefel aus Sokovia

VERHEXEND

Wanda erlangt durch die Hydra-Experimente ein breites Spektrum an Kräften. Sie kann psionische Energie projizieren, mit Gedanken Objekte bewegen, Gedanken und Gefühle lesen, und sogar den Verstand anderer kontrollieren.

QUICKSILVER

Pietro Maximoff

Pietro Maximoff und seine Schwester Wanda wurden Waisen als eine Bombe von Stark Industries ihr Zuhause in Sokovia zerstörte. Als Erwachsene nahmen sie freiwillig an Hydra-Experimenten teil, die ihnen besondere Kräfte verliehen. Pietros Kraft ist enormes Tempo, was ihm den Codenamen Quicksilver einbringt, als er den Avengers beitritt.

Pietro und seine Schwester stehen sich sehr nahe. Als Straßenkinder halfen sie sich gegenseitig zu überleben.

AUFSTIEG ZUM HELDEN

Als Pietro und Wanda erfahren, dass Ultron die Menschheit auslöschen will, wird sein Wunsch nach Rache an Tony Stark von dem Willen verdrängt, Zivilisten aus dem Konflikt zu retten.

WETTEIFER

Pietro und der Avenger Hawkeye entwickeln eine persönliche Rivalität. Die Reflexe von Hawkeye sind sehr schnell – Pietros sind superschnell. Sein Vorteil wird zum Segen, als Pietro sich opfert, um Hawkeyes Leben zu retten.

Spezialmaterial mindert elektrische Aufladung.

Der Handschuh hält den Ärmel fest am Körper.

Sprinthosen

WICHTIGE DATEN

ZUGEHÖRIGKEIT: Hydra, Ultron, Avengers, Wanda Maximoff

HAUPTSTÄRKE: Unglaublich schnelle Bewegung

AUFTRITTE: The Return of the First Avenger, Avengers: Age of Ultron

BARON STRUCKER

Hydra-Befehlshaber

Baron Wolfgang von Strucker war Spitzenforscher bei S.H.I.E.L.D., aber auch Hydra-Doppelagent. Nach S.H.I.E.L.D.s Ende zieht er in sein Schloss in Sokovia und forscht an Chitauri-Technologie, die nach der Schlacht von New York geborgen wurde. Nach seiner Niederlage landet er in einem NATO-Gefängnis.

Augmented-
Reality-
Monokel

Besorgter
Blick, weil
Hydra wankt

Baron Strucker und Hydra-Forschungskollege Dr. List testen die Chitauri-Technologie an Menschen.

LETZTES AUFGEBOT

Strucker leitet seinen Kampf gegen die Avengers von seinem Schloss in Sokovia aus, wo er seine Forschung beschützen will. Er wird von Captain America geschnappt, doch später bereitet ihm Ultron ein frühes, endgültiges Ende.

FORSCHERWAHN

Versteckt in seinem Schloss, experimentieren Strucker und sein Kollege Dr. List mit Lokis bewusstseinsveränderndem Zepter an sokovianischen Freiwilligen. Nur die Maximoff-Zwillinge überleben. Die irren Forscher verändern sogar Hydra-Soldaten mit Chitauri-Kybernetik.

Unauffälliges
Jackett

Haltung weist
auf Nachdenk-
lichkeit hin.

WICHTIGE DATEN

ZUGEHÖRIGKEIT: Hydra, S.H.I.E.L.D.

HAUPTSTÄRKEN: Forschergeist, mächtige Hydra-Ressourcen

AUFTRITTE: The Return of the First Avenger, Avengers: Age of Ultron

ULTRON

Arglistiger Androide

Anti-Schwerkraft-
Gerät in Handflächen

Sichtbares, rotes
Reaktorleuchten im Arm

Ultron wurde als System zur Friedens-
sicherung konzipiert. Die künstliche
Intelligenz sollte Tony Starks Iron-
Legion-Drohnen steuern und die Erde
vor Alieninvasionen schützen. Stattdessen entstand ein selbstgerechter,
digitaler Irrer, besessen davon, die
Avengers zu vernichten und die gesamte
Menschheit mit einer Endzeitvorrichtung
auszulöschen, die er in Sokovia baut.

WICHTIGE DATEN

ZUGEHÖRIGKEIT: Tony
Stark, Wanda und Pietro
Maximoff, Vision
HAUPTSTÄRKEN: Stärke,
Ausdauer, Flugkraft, Repulsor-Schuss,
enorme Wissensdatenbank,
herunterladbarer Verstand
AUFTRITT: Avengers:
Age of Ultron

ENDLOSE UPGRADES

Als er ein Bewusstsein erlangt,
lädt sich Ultron in eine beschä-
digte Iron Legion-Drohne. Von
dieser transferiert er sich in
Sokovia in einen Chitauri-
Androiden. Mit immer weiteren
Upgrades entwickelt er
sich bis zu einem mächti-
gen Vibranium-Koloss.

Kühlsysteme und
Leistungsrelais

Das Exoskelett
enthält Vibranium
von Ulysses Klaue.

GEIST ERSCHAFFEN

Anhand der Entwürfe für
ein Bewusstsein, die sie
im Gedankenstein aus Lokis
Zepter finden, versuchen Tony
Stark und Bruce Banner
eine künstliche Intelligenz
zu erschaffen.

Die Exo-Knie-
mechanik ist von
Hydra inspiriert.

Ultrons Waffenarsenal besteht aus
einer Mischung aus Tony Starks
Erfindungen und Hydras Forschungen
an Alien-Technologie.

VISION

Androide und Avenger

Die synthetische Lebensform Vision wurde von Ultron geschaffen, indem er künstliches Menschengewebe mit Vibranium verband. Ein Infinity-Stein in der Stirn sorgt für Bewusstsein und übernatürliche Kräfte. Der Ersatz-körper, den Ultron für sich wollte, wird von den Avengers erbeutet, die etwas ganz anderes erwecken: Vision ist körperlich makellos und moralisch gut.

Gedanken-stein in Stirn befestigt

Von Ultron entworfener, physisch perfekter Körper

DER SCHATZ AM KOPF
Der Infinity-Stein auf Visions Stirn macht ihn für die Avengers zu einer wertvollen Ergänzung, aber auch zum Ziel von Thanos, der den Stein braucht, um seinen Infinity-Handschuh zu vollenden.

Die Handschuhe verstärken die Kontrolle über den Computer und die Elektronik.

LIEBHABER UND KÄMPFER
Vision und Wanda Maximoff verlieben sich während des Konflikts um das Sokovia-Abkommen. Nach dem Civil War der Avengers laufen sie nach Schottland davon. Leider kommt Thanos dazwischen.

Kostüm und körperliche Erscheinung können nach Belieben wechseln.

Das Cape ist von Thors Umhang inspiriert.

Vision soll im Avengers-Stützpunkt auf Wanda aufpassen. Als sie gehen will, wird ihre Beziehung auf die Probe gestellt.

WICHTIGE DATEN

ZUGEHÖRIGKEIT: Avengers, Tony Stark, Infinity-Steine, Wanda Maximoff
HAUPTSTÄRKEN: Flugkraft, Energie-strahl (per Gedankenstein), Stärke, Intelligenz, Phasenverschiebung
AUFTRITTE: Avengers: Age of Ultron, The First Avenger: Civil War, Avengers: Infinity War

DR. HELEN CHO

Führende Genetikerin

Tony Starks südkoreanische Kollegin Helen Cho ist Spitzengenetikerin und Erfinderin der Regenerationswiege. Die Vorrichtung druckt synthetisches Humangewebe, das sich nahtlos mit dem Körper verbindet. Ultron erkennt sofort den Wert dieser Technologie, doch seine Einmischung führt unbeabsichtigt zur Erschaffung eines mächtigen, neuen Avengers: Vision.

Brillanter und kreativer Verstand

WIEGE DES LEBENS

Dr. Chos Regenerationswiege wurde erdacht, um schwere Verletzungen zu heilen. Ultron zeigt ihr, wie man damit einen ganzen synthetischen Körper erschafft, was zu Visions Geburt führt.

Antibakteriell beschichtete Laborkleidung

KOLLEGIALE KÖNNERIN

Dr. Cho arbeitet eng mit Bruce Banner und Tony Stark zusammen. Als Hawkeye bei einer Mission gegen Hydra schwer verwundet wird, hilft sie, indem sie ihn rasch heilt.

Mit Lokis Zepter kontrolliert Ultron Chos Verstand und zwingt sie, ihm einen neuen Körper zu bauen.

WICHTIGE DATEN

ZUGEHÖRIGKEIT: Avengers, U-Gin Genetics, Tony Stark
HAUPTSTÄRKEN: Genialer Forscherverstand, medizinisches Fachwissen
AUFTRITT: Avengers: Age of Ultron

THADDEUS E. ROSS

Außenminister

Als Lieutenant General der U.S. Army überwacht „Thunderbolt" Ross das Programm des Supersoldaten-Serums. Seine Tochter Elizabeth und Bruce Banner werden hinzugezogen, doch als sich Banner in den Hulk verwandelt, jagt ihn Ross. Später wird er zum Außenminister ernannt und versucht, die Aktivitäten der Avengers zu regulieren.

Getöntes Haar für jüngeres Aussehen

SOKOVIA-ABKOMMEN

Ross setzt das Sokovia-Abkommen durch, mit dem die Regierung Individuen mit Superkräften regulieren will. Das bringt ihn in Konflikt mit den Avengers, die nicht alle hinter dem Abkommen stehen.

Er hat Armeeuniform und Orden gegen den Anzug getauscht.

DEN TON ANGEBEN

Ross ist autoritär und Widerrede ist ihm verhasst. Als Captain America und dessen Partner sich weigern, das Sokovia-Abkommen zu unterschreiben, klassifiziert er sie als flüchtige Kriminelle.

In seinem Übereifer, den Hulk zu fangen, plant Ross, Emil Blonsky eine Probe des Supersoldaten-Serums zu injizieren. Der Soldat hilft ihm bei der Jagd auf den Hulk.

WICHTIGE DATEN

ZUGEHÖRIGKEIT: U.S. Army, U.S. Außenministerium, Strategic Operations Command Centre, Sokovia-Abkommen
HAUPTSTÄRKEN: Befehlsgewalt über die U.S. Army, Regierungsressourcen
AUFTRITTE: Der Unglaubliche Hulk, The First Avenger: Civil War, Avengers: Infinity War

EITRI
Zwergenkönig

Eitri ist der König der Zwerge von Nidavellir. Ihr Name täuscht, denn die Zwerge sind ziemlich groß! Odin vertraut Eitri die Erzeugung magischer Waffen für Asgard an, darunter auch Thors Hammer Mjölnir. Nach Mjölnirs Zerstörung, hilft Eitri Thor, einen neuen Hammer namens Sturmbrecher zu erschaffen, der Thanos aufhalten soll.

Haare und Bart sind ungeschnitten.

WICHTIGE DATEN

ZUGEHÖRIGKEIT: Zwerge von Nidavellir, Thor, Asgard

HAUPTSTÄRKE: Kann die mächtigsten Waffen des Universums erschaffen

AUFTRITT: Avengers: Infinity War

Robustes Gurtzeug

SUCHE NACH DEM MEISTER

Eitris Ruf als Meisterwaffenschmied ist quer durchs Universum bekannt. Nachdem sein Hammer zerstört wurde, sucht Thor Eitri auf, allerdings erkennt der Zwerg Thor zunächst nicht.

Feuerfeste Kleidung

TRAURIGES ENDE

Thanos zwingt Eitri, für ihn den Infinity-Handschuh zu fertigen. Nach Vollendung löscht Thanos Eitris Volk aus und umhüllt Eitris Hände mit Metall, damit er nie wieder Waffen anfertigen kann.

Als Thanos Nidavellir verlässt, ist die Welt verwüstet. Die Schmiede ist erloschen und Nacht liegt über dem sterbenden Stern.

Metallüberzogene Hände

SPIDER-MAN

Freundlicher Wandkrabbler aus der Nachbarschaft

Als Tony Stark Captain America, Bucky Barnes und die flüchtigen Avengers fassen soll, braucht er eine Geheimwaffe. Stark wählt den Schüler Peter Parker. Parker wurde von einer radioaktiven Spinne gebissen, die ihm arachnide Fähigkeiten verlieh. Er nennt sich Spider-Man und schwört, den Schwachen zu helfen.

Nur die wenigsten können Captain America den Schild stehlen. Spider-Man schafft es und beweist damit allen sein Können.

NETZSCHWINGER

Spider-Mans Akrobatikkünste machen ihn zu einem respektablen Gegner. Mit seinen Netzen heftet er sich an War Machine, um in den Kampf zu fliegen.

Abziehbare Maske

Augen mit Gefühlsausdruck

Netzleine

Netzdüsen

SPIDEYS ANZUG

Peter Parker wartet mit einem selbstgefertigten Spider-Man-Anzug auf und erfindet Netzflüssigkeit und Netzdüsen. Stark stattet ihn mit einer verbesserten Hightech-Version aus, inklusive K.I. und mehr Funktionen, als Parker sich merken kann.

Der Anzug passt sich automatisch für bequemen Sitz an.

Spinnen-Symbol und abnehmbare Drohne

IRON SPIDER

Spider-Man im All

Als Spider-Man im Alleingang versucht, Doctor Strange zu retten, gerät er in ein Raumschiff mit Kurs ins All. Zum Glück hat Tony Stark immer einen Plan B und schickt Spidey ein Upgrade: den Iron Spider-Anzug. Mit ihm hilft Parker dann Strange, Stark und den Guardians of the Galaxy, dem Kriegsherrn Thanos entgegenzutreten.

Mechanische Spinnenarme

Arme werden durch Nanotech generiert.

ACHTBEINIG

Iron Spiders Beine sind K.I.-gesteuert und berechnen Kletterhilfe oder Dämpfung von Aufschlägen.

NEUESTER AVENGER

Peter Parker ist loyal gegenüber Tony Stark, auch wenn er nicht immer auf ihn hört. Als Iron Spider widersetzt er sich Starks Befehl und rettet Doctor Strange – eine waghalsige Aktion, nach der ihn die Avengers willkommen heißen.

Präzisionsklauen können Netze handhaben.

Iron Spider kämpft gegen Thanos auf dessen Heimatplaneten Titan, aber die Sache läuft nicht gut für ihn.

Schiene schützt Netzdüsen.

Der Anzug wirft Netze aus und schützt vor Projektilbeschuss.

WICHTIGE DATEN

ZUGEHÖRIGKEIT: Avengers, Tony Stark
HAUPTSTÄRKEN: Stärke, Tempo, Beweglichkeit, Ausdauer, Klettern, Spinnensinn, Netzdüsen. Iron Spider: robotische Beine, Überleben im All
AUFTRITTE: The First Avenger: Civil War, Avengers: Infinity War

EBONY MAW

Meistermanipulator

Ebony Maw ist Thanos' ältestes Adoptivkind. Der begnadete Redner ist auch schlicht als „The Maw" bekannt. Er spricht an Thanos' Stelle, als dieser die Hälfte der Bevölkerung von Gamoras Heimatplaneten vernichtet. Maw obliegt auch die Bergung des Zeitsteins, doch dabei wird er ins Weltall gesaugt.

Spärliches, weißes Haar

GEIST ÜBER MATERIE
Maw wirkt weder körperlich bedrohlich, noch trägt er Waffen. Das ist auch nicht nötig, denn sein mächtiger Verstand hat die Fähigkeit mittels Telekinese die Umgebung zu kontrollieren.

JAGD NACH DEM ZEITSTEIN
Ebony Maw foltert Doctor Strange an Bord seines Schiffes. Er hofft, Strange zur Herausgabe des Zeitsteins zu bringen, bevor sie Thanos' Heimatplaneten Titan erreichen.

Gepanzerte Tunika

Hände lenken telekinetische Kraft.

WICHTIGE DATEN
ZUGEHÖRIGKEIT: Thanos
HAUPTSTÄRKEN: Telekinese, Levitation, begabter Manipulator
AUFTRITT: Avengers: Infinity War

CORVUS GLAIVE

Todbringender Taktiker

Corvus Glaive gehört zu Thanos' Adoptivkindern. Er hilft Thanos, Planeten zu erobern und die mächtigen Infinity-Steine zu erbeuten. Auf der Erde hat er die Mission, Vision den Gedankenstein zu entreißen, doch er wird in Schottland verwundet und stirbt später in Wakanda.

Kapuze schützt Haut vor Licht.

Elfen-ähnlicher Ohren-schmuck

Glaives Waffe ist so strapazierfähig, dass sie Energiestrahlen des Gedankensteins abwehren kann, ohne Schaden zu nehmen.

RABENSCHWERT

Die Gattung Corvus aus der Familie der Rabenvögel steht wegen der vogelhaften Bewegungen Pate für Glaives Namen. Seine mächtige, einer Gleve ähnelnde Waffe kann Visions Körper durchdringen und ihn von Phasenverschiebungen abhalten.

GRAUSAMER GEGNER

Corvus Glaive ist ein starker Kämpfer. Auf seiner Jagd nach dem Raumstein, entert Glaive ein Schiff der Asen und löscht im Alleingang fast die ganze Crew aus.

Goldverzierungen an der Kapuze

Flexibler Körperpanzer

WICHTIGE DATEN

ZUGEHÖRIGKEIT: Thanos
HAUPTSTÄRKEN: Stärke, Tempo, Ausdauer, außergewöhnliche Waffen
AUFTRITT: Avengers: Infinity War

PROXIMA MIDNIGHT

Der Speer von Thanos

Proxima Midnight wird von Thanos entsandt, um den mächtigen Gedankenstein von Vision zu erbeuten. Mit ihrem Partner Corvus Glaive verfolgt sie Vision und Wanda Maximoff von Europa nach Afrika. Proxima führt Thanos' Outrider-Armee gegen Wakanda, stirbt aber auf dem Schlachtfeld.

Hörner an den Schläfen

WAFFENEXPERTIN

Proxima Midnight ist eine geschickte Nahkämpferin. Ihre bevorzugte Waffe ist ein Dreizack, der Energieblitze abfeuert. Sie trägt auch ein Schwert und hat Klingen in ihren Kampfhandschuhen.

Verstärkter Torsopanzer ist leicht und flexibel.

Schwere Armpanzerung für den Nahkampf

UNTERLEGEN

Proxima und Corvus Glaive stellen Vision und Wanda Maximoff in einem Bahnhof in Edinburgh, doch Steve Rogers greift ein und die Schurken müssen fliehen.

In Wakanda greift Proxima Wanda Maximoff an, doch Okoye und Black Widow eilen Wanda zu Hilfe.

Dehnbare Kampfhandschuhe

Doppelklingenschwert

WICHTIGE DATEN

ZUGEHÖRIGKEIT: Thanos
HAUPTSTÄRKEN: Stärke, Beweglichkeit, Tempo, Nahkampf
AUFTRITT: Avengers: Infinity War

CULL OBSIDIAN

Thanos' Totschläger

Eines von Thanos' Kindern, Cull Obsidian, ist riesig und furchterregend. Auf Planeten, die von Thanos erobert wurden, reduziert die Bestie effektiv und brutal die Bevölkerung. Cull geht mit auf die Jagd nach den beiden Infinity-Steinen auf der Erde, wird aber in der Schlacht von Wakanda von Bruce Banner besiegt.

ABLENKUNG
Cull Obsidian kämpft in New York gegen Tony Stark und ermöglicht damit Ebony Maw, den Zeitstein von Doctor Strange zu erbeuten.

Der Schädel hat einen natürlichen Schutzpanzer.

OBSKURE WAFFE
Culls einzigartige Waffe hat viele Funktionen. Sie kann Projektile an Ketten abschießen und sich in einen Schild verwandeln.

Patronengurt mit Reserveprojektilen

WICHTIGE DATEN

ZUGEHÖRIGKEIT: Thanos
HAUPTSTÄRKEN: Stärke, Ausdauer, kybernetischer Arm, ungewöhnliche Waffen
AUFTRITT: Avengers: Infinity War

Formwandelnde Waffe

Hand wird später durch Prothese ersetzt.

Kräftige Beine

GUARDIANS OF THE GALAXY

Grundverschiedene Helden, die nichts verbindet – außer, dass sie nichts zu verlieren haben –, schließen sich zusammen, um die Galaxie zu retten. Die Guardians begeben sich auf eine kleine Mission, doch das führt zu einer Konfrontation mit Thanos, einem wahnsinnigen Kriegsherrn, der vorhat, das halbe Universum zu vernichten.

STAR-LORD

Legendärer Gauner

Peter Quill ist der Sohn der Erdenfrau Meredith Quill und des Celestial Ego. Ego heuert den Piraten Yondu Udonta an, um den jungen Quill zu fangen, doch Yondu zieht Quill stattdessen als Ravager-Pirat groß. Auch bekannt als der gesetzlose Star-Lord, erbeutet Quill einen mysteriösen Orb. Das bringt ihn auf Konfrontationskurs mit seinem zukünftigen Team, den Guardians of the Galaxy.

TEAMKAPITÄN

Quill ist Überlebenskünstler. Unvoreingenommen und anpassungsfähig durchstreift er die Galaxie. Mit seiner Entschlossenheit und bereitwilligen Akzeptanz anderer ist er ein guter Anführer der Guardians. Ihm gehört auch ihr Schiff, die *Milano*.

Ravager-Lederjacke

Holster für Quadblaster

WICHTIGE DATEN

ZUGEHÖRIGKEIT: Guardians of the Galaxy
HAUPTSTÄRKEN: Eigenwilliges Denken, Fliegerass, einmaliger Raumhelm
AUFTRITTE: Guardians of the Galaxy, Guardians of the Galaxy Vol. 2, Avengers: Infinity War

Doppelabzug-Quadblaster

UNGEWÖHNLICHES TEAM

Star-Lords Außenseiter-Team findet im Gefängnis zueinander. Sie verbünden sich, um zu fliehen, bringen den Orb zum Collector und kämpfen später gegen Ronan den Ankläger.

Düsenstiefel für Flüge über kurze Distanz

Quill und Rocket streiten sich um die Steuerung des Schiffes. Tatsächlich ist Rocket der bessere Pilot.

Leicht erreichbare Düsenstiefel-steuerung

GAMORA

Tochter von Thanos

Gamora ist die Adoptivtochter des Tyrannen Thanos. Thanos hat die Hälfte der Bevölkerung ihres Planeten ausgelöscht, war ihr jedoch gnädig. Gemeinsam mit ihrer Adoptivschwester trainierte sie, um Attentäterin zu werden, doch Gamora rebellierte und trat stattdessen den Guardians of the Galaxy bei.

Das Schwert teilt sich in zwei lange Klingen und ein Messer.

Auf seine eigene Art liebt Thanos seine Tochter Gamora – ein Grund für ihr kompliziertes Gefühlsleben.

Kybernetisches Skelett baut auf Metallrückgrat auf.

WICHTIGE DATEN

ZUGEHÖRIGKEIT: Thanos, Guardians of the Galaxy
HAUPTSTÄRKEN: Geübte Attentäterin, Kampfkünste, Tempo, Beweglichkeit
AUFTRITTE: Guardians of the Galaxy, Guardians of the Galaxy Vol. 2, Avengers: Infinity War

FURCHTLOS

Gamora stürmt ihren Gegnern ohne Angst um die eigene Sicherheit entgegen. Sie sorgt sich nur um andere – und darum, dass Thanos ihr Wissen missbrauchen könnte, um das halbe Universum zu tilgen.

VERBESSERT

Thanos stattete Gamoras Körper mit kybernetischen Upgrades aus, die ihr übernatürliche athletische Fähigkeiten verleihen. Nanomaschinen im Blut steigern Reaktionszeit und Heilung.

Peter Quill ist eifersüchtig, weil Gamora Thor bewundert. Er prahlt, um ihre Aufmerksamkeit zu erregen.

Federnde Absätze helfen bei Sprüngen.

ROCKET

Profi-Pirat

Einst als Subjekt 89P13 bekannt, wurde Rocket genetisch verbessert, um extreme Intelligenz und Sprachvermögen zu besitzen. Seine verbitterte Persönlichkeit führte zu einem Verbrecherleben. Als Rocket und sein Freund Groot im Gefängnis Kyln landen, schließen sie sich mit anderen Insassen zusammen, um zu fliehen. Die Gruppe wird später zu den Guardians of the Galaxy.

Hasst Berührung an den Ohren

BA-17-Ionenpistole „Vicki"

WASCHBÄRLEBEN

Rocket reißt viele Witze, oft auch auf Kosten anderer, aber tief in sich drin fürchtet er, als Monster angesehen zu werden. Er gibt zu, niemals darum gebeten zu haben, ein sprechender Waschbär zu werden – es wurde ihm Jahre zuvor angetan.

Aus Weltallkaufhaus gestohlene Kleidung

Antischeuerpolster

Gurtzeug

Taschen voller Munition

WICHTIGE DATEN

ZUGEHÖRIGKEIT: Groot, Guardians of the Galaxy, Thor
HAUPTSTÄRKEN: Waffenexperte, Fliegerass, hochaggressiv, starker Überlebenswille
AUFTRITTE: Guardians of the Galaxy, Guardians of the Galaxy Vol. 2, Avengers: Infinity War

BN1-Blaster „Katie"

KRIEGSKAMERADEN

Rocket und Yondu freunden sich miteinander an. Yondu erkennt viel von sich selbst in Rocket. Beide halten Abstand zu anderen, um ihre Defizite und Reuegefühle zu verbergen.

Rocket liebt große, gefährliche Waffen. Auch darum begleitet er Thor, als der einen neuen Hammer holt: Er will die Arsenale von Nidavellir sehen.

GROOT

Ich bin Groot!

Groot ist gutherzig, darum verwundert es, dass er und Rocket beste Freunde sind und als Söldner arbeiten. Sie nehmen den Job an, Peter Quill zu jagen, landen stattdessen aber im Gefängnis. Dort tun sie sich mit Quill, Gamora und Drax zusammen, bilden die Guardians of the Galaxy und halten Ronan den Ankläger davon ab, einen kostbaren Infinity-Stein zu erbeuten.

Der Oberkörper ist mit Moos bewachsen.

STRAFREGISTER

Als Groot im Gefängnis Kyln gescannt wird, zeigt seine Akte, dass er eine humanoide Pflanze (Flora colossus) vom Planeten Taluhnia ist, mit drei Einträgen wegen schwerer Körperverletzung.

EIN NEUER GROOT

Groot regeneriert auch bei schwersten Verletzungen, doch manche sind so schlimm, dass er ganz neu anfangen muss. Er wird zerstört, als er um seine Freunde herum zu einer Schutzhecke wächst, aber Rocket findet einen Ableger und lässt ihn wachsen.

Die Gliedmaßen wachsen nach Verlust schnell nach.

Die Hände können leuchtende Sporen abgeben.

Die Finger wachsen blitzartig, um Gegner aufzuspießen.

Die Beine können nach Belieben wachsen.

WICHTIGE DATEN

ZUGEHÖRIGKEIT: Rocket, Guardians of the Galaxy

HAUPTSTÄRKEN: Rapides Wachstum (Heilung und Regeneration), Stärke, Ausdauer

AUFTRITT: Guardians of the Galaxy

Rocket und Groot sind ein eingespieltes Team. Bei der Flucht aus dem Gefängnis wissen sie genau, was der andere tut.

BABY GROOT

Ich bin Groot!

Nachdem sich Groot opfert, um seine Freunde zu schützen, rettet Rocket einen Groot-Zweig und pflanzt ihn ein. Der Ableger wächst zu einem süßen Baby Groot heran, entwurzelt sich bald selbst und wird ein ebenso liebenswürdiges wie lästiges Crewmitglied. Baby Groot liebt Musik und Tanz, aber er hasst Hüte und Orloni-Raumratten.

Kopf mit Moos bewachsen

Selbst brenzlige Situationen nutzt Baby Groot als Spielzeit. Er tanzt während die anderen Guardians gegen das Monster Abilisk kämpfen.

Groot isst gern die eigenen Blätter.

RAVAGER-FLUCHT

Die Ravagers ziehen Groot eine Mini-Ravager-Uniform an. Nach ihrer Flucht vor Yondus aufgebrachter Crew, sieht Groot zu, wie Rocket die Flugroute zu Ego plant.

KLEINE KNOLLE

Wegen seines quirligen Temperaments und ärmlicher Sprachkenntnisse ist der Umgang mit Groot oft schwer, dafür ist seine geringe Größe oft nützlich, wenn es für die Guardians mal eng wird.

Die Guardians brauchen Groot, um eine Bombe in Egos Kern zu platzieren, aber es fällt ihm schwer, sich an die Anweisungen zu erinnern.

TEENAGER GROOT

Ich bin Groot!

Baby Groot wächst rasch zu einem launischen Jugendlichen heran. Sein Hauptinteresse gilt seiner Spielkonsole, die ihm auf einem Raumhafen gekauft wird – was Rocket bald bedauert. Groot würdigt die anderen kaum eines Blickes, höchstens, um sarkastische Bemerkungen und Kraftausdrücke von sich zu geben. Tief drinnen ist er trotzdem ein liebenswürdiger „Zweig".

Sein Kopf wendet sich selten von Spielen ab.

Groot trennt sich von den Guardians, um mit Thor und Rocket nach Nidavellir zu fliegen. Sie hoffen, dort eine neue Waffe für Thor zu finden.

Lange, spindelige Gliedmaßen

Oberkörper besteht aus Rindenplatten.

WICHTIGE DATEN

ZUGEHÖRIGKEIT: Rocket, Guardians of the Galaxy, Thor
HAUPTSTÄRKEN: Rapides Wachstum (Heilung und Regeneration), Stärke, Ausdauer, weit streckende Arme
AUFTRITTE: Guardians of the Galaxy, Guardians of the Galaxy Vol. 2, Avengers: Infinity War

Die Rinde riecht nach Zeder und Muskat.

WAFFENSCHMIED

Während des gesamten Abenteuers mit Thor spielt Groot Videospiele ..., bis er wirklich gebraucht wird. Unter großen Schmerzen für sich selbst verlängert er seinen Arm und packt das heiße Uru-Metall, um einen Griff für Thors Sturmbrecher zu bilden.

KNOSPENDER HELD

In seinem Kernholz ist Groot immer noch derselbe Held, der einst die Guardians rettete. Zwar ist er meistens abgelenkt, aber als er gebraucht wird, kämpft er an der Seite von Thor und Rocket.

DRAX

Der Zerstörer

Drax der Zerstörer trägt eine tiefe Traurigkeit in sich. Nachdem seine Familie von Thanos ausgelöscht wurde, treibt ihn der Wunsch nach Rache, was ihn ins Gefängnis Kyln bringt. Dort schließt er sich anderen Insassen an, um zu fliehen. Gemeinsam mit den anderen Flüchtigen bildet er die Guardians of the Galaxy, um Thanos' Adjutanten Ronan aufzuhalten.

Drax begegnet auf Egos Planeten Mantis. Die beiden verstehen sich gut, obwohl er sie hässlich findet.

Stammesnarben-schmuck

Dicke, schwer durch-dringbare Haut

Verletzungen der Haut heilen schnell.

MISSVERSTÄNDNISSE

Drax' Volk spricht wortgetreu und versteht weder Sarkasmus, noch Redewendungen, Wort-spiele oder Witze. Bis auf Wut werden die meisten Gefühle unterdrückt. All das sorgt oft für bedauerliche Missverständnisse.

Stammesdolch in Scheide

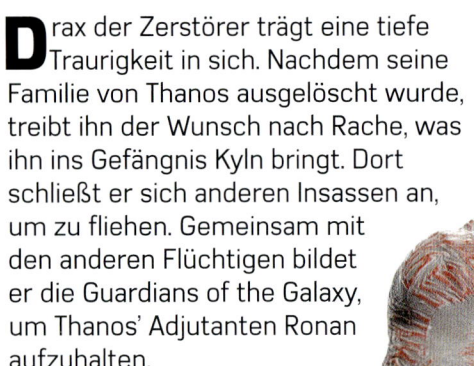

NIE KAPITULIEREN

Drax besitzt enorme Courage, Selbstsicherheit und Ent-schlossenheit. Furchtlos stürmt er Gegnern mit gezücktem Messer entgegen und bleibt unerschrocken, wenn Thanos oder Ronan ihn einfach beiseiteschlagen.

Gefütterte Stiefel im Gladiatorenstil

WICHTIGE DATEN

ZUGEHÖRIGKEIT: Rocket, Guardians of the Galaxy
HAUPTSTÄRKEN: Stärke, Beweglichkeit, rasche Heilung
AUFTRITTE: Guardians of the Galaxy, Guardians of the Galaxy Vol. 2, Avengers: Infinity War

YONDU UDONTA

Ravager-Pirat

Yaka-Energiespur

Prototyp-Steuer-finne für Yaka-Pfeil

Panzerbrechender Yaka-Pfeil

Der Kriminelle, Pirat und Schmuggler Yondu wird angeheuert, um für das mysteriöse Wesen Ego den jungen Peter Quill zu entführen. Stattdessen zieht er Quill als Teil seiner Ravager-Piratencrew groß. Als Quill ihn hintergeht, setzt Yondu ein Kopfgeld auf ihn aus, doch aufgrund ihrer engen Beziehung versöhnen sie sich am Ende.

AUFSTIEG ZUM RAVAGER

Yondu lebte 20 Jahre als Kampfsklave der Kree. Als er die Freiheit erlangt, tritt er Stakar Ogords Ravager-Crew bei. Als Stakar ihn wegen der Entführung des jungen Peter Quill verstößt, gründet Yondu auf der *Eclector* eine eigene Ravager-Crew.

Blaue, centaurianische Haut

PFEIFENDER PIRAT

Yondus Pfiffe werden durch seine Schädelfinne in direkte Kommandos umgewandelt. Diese werden an den Yaka-Pfeil weitergeleitet, der wie gewünscht über das Schlacht-feld zischt.

WICHTIGE DATEN

ZUGEHÖRIGKEIT: Ravagers, Peter Quill, Guardians of the Galaxy
HAUPTSTÄRKEN: Eigenes Schiff, kommandiert die Ravagers, tödlicher Yaka-Pfeil
AUFTRITTE: Guardians of the Galaxy, Guardians of the Galaxy Vol. 2

Mit Hoojib-Öl polierte Ravager-Stiefel

Yondu sieht in Peter Quill einen eigenen Sohn, weshalb er sich letztlich opfert, um Quills Leben zu retten.

RONAN DER ANKLÄGER

Abtrünniger Warlord

Auf einer Mission, um sich an alten Feinden vom Planeten Xandar zu rächen, geht der Kree-Warlord Ronan der Ankläger einen Pakt mit dem Tyrannen Thanos ein. Sollte Ronan einen mysteriösen Orb an Thanos liefern, verspricht dieser, ihm bei der Vernichtung Xandars zu helfen. Als Ronan entdeckt, dass in dem Orb ein mystischer Infinity-Stein steckt, behält er ihn für sich selbst.

Ankläger-Kapuze verbirgt Glatze.

WÜTENDER KRIEGER

Die Kree sind übermenschlich stark und erholen sich auch von schwersten Verletzungen. Ronan lebt seit Jahrhunderten und musste mitansehen, wie seine Familie von Xandarianern ausgelöscht wurde.

WICHTIGE DATEN

ZUGEHÖRIGKEIT: Thanos, Kree-Imperium, Korath, Nebula
HAUPTSTÄRKEN: Stärke, Ausdauer, Kriegshammer mit Infinity-Stein, sakaarianische Truppen
AUFTRITTE: Guardians of the Galaxy, Captain Marvel

Adapter kann Infinity-Stein aufnehmen.

Cosmi-Stab

Traditionelle Kree-Kampfrüstung

Mit dem Infinity-Stein in seinem Cosmi-Stab ist Ronan in der Lage, Planeten wie Xandar zu vernichten.

KEIN VERTRAUEN

An Bord seines Schiffes *Dark Aster* wird Ronan von seinem Agenten Korath darüber informiert, dass ein Gesetzloser namens Star-Lord im Besitz des Orb ist. Ronan hetzt Gamora, eine von Thanos' Adoptivtöchtern, auf ihn.

„Schädelbrecher"-Stiefel der Kree

Krehalium-besetzter Kriegsschurz

NEBULA

Cyborg mit Gewissenskonflikt

Nebula ist eine von Thanos' Adoptivtöchtern. Sie hasst ihn für die schmerzhaften Cyborg-Upgrades, die er ihr aufgezwungen hat. Sie verbündet sich mit Ronan gegen Thanos, hintergeht Ronan jedoch und flieht. Die Sovereign nehmen Nebula gefangen und liefern sie an die Guardians aus, was zu einer Versöhnung mit ihrer Schwester Gamora führt.

Natürlich blaue Haut der Luphomoiden

Schädelplatte schützt Gehirn.

Ravager-Crew-Uniform

Arm enthält Peitsche und Blaster.

Faserverstärktes Hydrogel-Gewebe

Stoßdämpfende Stiefel

Nebula erfährt ein schonungsloses Training und ist eine erbitterte Nahkämpferin. Gern kämpft sie mit ihren beiden Elektroschock-Stäben.

WICHTIGE DATEN

ZUGEHÖRIGKEIT: Thanos, Ronan, Ravagers, Guardians of the Galaxy, Gamora

HAUPTSTÄRKEN: Stärke, Tempo, Ausdauer, Beweglichkeit, rasche Selbstreparatur

AUFTRITTE: Guardians of the Galaxy, Guardians of the Galaxy Vol. 2, Avengers: Infinity War

GESCHWISTERZWIST

Als Kinder trainierten Nebula und Gamora gemeinsam. Thanos ließ sie kämpfen und strafte Nebula bei Niederlagen mit Cyborg-Implantaten. Er hoffte, sie damit zu verbessern, weckte in ihr aber nur Verbitterung.

SPIONIN WIDER WILLEN

Thanos foltert Nebula vor Gamoras Augen, damit diese ihm den Aufenthaltsort des Seelensteins verrät. Gamora sagt, sie wüsste es nicht, doch Thanos spielt ihre Enthüllung aus Nebulas Gedächtnisbank ab.

KORATH

Ronans Handlanger

Korath der Verfolger ist ein Kree-Agent, der sich freiwillig für ein experimentelles Waffenprogramm meldete. Er trainiert mit Nebula und Gamora und erhält wie sie kybernetische Verbesserungen sowie Genveränderungen. Korath dient Ronan im Kree-Skrull-Krieg und noch einmal auf der Jagd nach dem Orb und dem folgenden Angriff auf Xandar.

DIENER UND BERATER

Korath dient Ronan, doch er respektiert und fürchtet Thanos. Als sich Ronan gegen Thanos wendet, ist Korath geschockt und warnt seinen Meister vor den schweren Konsequenzen.

Künstliches neuronales Netz

GEFALLENER SOLDAT

Korath führt eine Truppe sakaarianischer Soldaten an. Er ist ein geschickter Kämpfer, aber kein Gegner für Drax, der ihn an Bord des Schiffes *Dark Aster* besiegt.

N20-75-Disruptorgewehr

WICHTIGE DATEN

ZUGEHÖRIGKEIT: Ronan der Ankläger, Nebula

HAUPTSTÄRKEN: Waffen- und Kampftraining, Cyberimplantate, Militärführung

AUFTRITTE: Guardians of the Galaxy, Captain Marvel

Orb von Morag

Maßgefertigte Kree-Rüstung

KRAGLIN OBFONTERI

Piraten-Vize

Yondu Udontas Erster Maat Kraglin ist schon sein Leben lang Ravager-Pirat. Seine Frustration über Yondus ständige Ausreden für Peter Quills egoistisches Verhalten führt ungewollt zu einer Meuterei durch den Ravager Taserface. Kraglin hilft Yondu, Rocket und Groot zu fliehen und fliegt mit ihnen zu Quill und den Guardians, um Ego zu besiegen.

Billiger Contraxia-Haarschnitt

PFEIL-ERBE
Kraglin ist ein weitgehend loyales Mitglied von Yondus Crew und kümmert sich bisweilen sogar um Peter Quill. Nach dem tapferen Tod seines Captains erbt er Yondus Yaka-Pfeil.

Schäbige Ravager-uniform

Holstergurt

SCHWERE ENTSCHEIDUNGEN
Kraglin steuert die *Eclector*, um die Guardians von Egos Planeten zu retten. Drax und die Crew schaffen es an Bord, aber Kraglin ist gezwungen, Quill und Yondu zurückzulassen.

Disruptor-pistolen

Kraglin spürt die Auswirkungen der 700 Quadrantensprünge, die es bis zu Egos Planeten braucht.

WICHTIGE DATEN
ZUGEHÖRIGKEIT: Ravagers, Yondu, Guardians of the Galaxy
HAUPTSTÄRKEN: Loyal, Fliegerass
AUFTRITTE: Guardians of the Galaxy, Guardians of the Galaxy Vol. 2

EGO

Lebender Planet

Ego ist ein Celestial, eines der ältesten Wesen im Universum. Seine Herkunft ist ungewiss und beginnt als gehirnähnliches, im All treibendes Wesen. Über Äonen formte er einen Planeten um sich und erschuf Körper, um andere Welten zu bereisen und seine Essenz in der Galaxie zu verbreiten. Er brachte viele Kinder hervor, wobei sein Erdensohn Peter Quill einmalig ist.

BÖSER PAPA

Ego gibt vor, ein liebender Vater zu sein, um Quills Vertrauen zu gewinnen, doch seine Absichten sind grundböse. Wie eine Ersatzbatterie braucht er seinen Sohn nur, um seine Macht zu stärken.

WICHTIGE DATEN

ZUGEHÖRIGKEIT: Mantis, Peter Quill

HAUPTSTÄRKEN: Kraft, sich zu entwickeln, Körper zu bilden und sich im All zu verbreiten

AUFTRITT: Guardians of the Galaxy Vol. 2

Kunstvoll bearbeitete, silberne Armbänder

Edel aussehende Robe

Ledergürtel und Holster

Kniehohe Stiefel

SAAT SÄEN

Egos menschliche Form kann nur kurze Zeit fortbestehen, wenn er seinen Planeten verlässt. Daher sät er quer durch die Galaxie Teile seiner selbst in anderen Welten, um bleibende Außenposten zu erschaffen, zu denen er seinen Geist ausdehnen kann.

Ego formt einen Planeten um sich herum, der seine Persönlichkeit annimmt und sogar sein Gesicht, das vom All aus zu sehen ist.

MANTIS

Empathische Entdeckerin

Mantis ist eine sanfte Insektoidin, die sich mit den Guardians of the Galaxy anfreundet, als diese Egos Welt besuchen. Ego fand Mantis als verwaiste Larve und zog sie groß. Als Empathin kann sie die Gefühle anderer spüren. Sie nutzt ihre Kräfte, um Ego beim Einschlafen zu helfen, stellt sich später aber gegen ihn und seine bösen Pläne.

Empathische Kräfte lassen die Fühler leuchten.

Grün-schwarze, insektenähnliche Kleidung

Blütenähnliche Schlitze im Ärmel

Die empathischen Kräfte werden bei Berührung ausgelöst.

Mantelschöße ähneln Flügeln.

GUTE GUARDIAN

Mantis wird ein wertvolles Mitglied der Guardian-Crew und nutzt ihre Kräfte nicht nur, um Ego zu überwältigen, sondern auch, um kurzzeitig Thanos davon abzulenken, Doctor Stranges Zeitstein zu erbeuten.

FREUNDSCHAFT SCHLIESSEN

Der arme Drax hat Schlafschwierigkeiten wegen des furchtbaren Verlusts seiner Familie. Begeistert hört er von Mantis' Fähigkeit, Schlaf anzuregen – und wird sofort in Tiefschlaf versetzt.

Ego lockt Star-Lord auf seinen Planeten, doch Mantis kennt das dunkle Geheimnis des gottähnlichen Wesens und warnt Drax.

MARTINEX

Pluvianischer Pirat

Martinex ist der Erste Maat eines Ravager-Piratenclans, der von dem legendären Piraten Stakar Ogord geführt wird. Martinex ist schon lange Mitglied der Crew, zu der einst auch Aleta Ogord, Charlie-27, Krugarr, Mainframe und Yondu Udonta gehörten. Nach Yondus Ausschluss löste sich die Crew auf, doch Martinex blieb Stakars Erster Maat.

WIE IN ALTEN ZEITEN

Zusammen mit anderen Ravager-Clans zollt Martinex bei Yondus Bestattung seinen Respekt. Das unerwartete Wiedersehen regt Stakar und Martinex dazu an, ihre alte Piratencrew wieder zusammenzuführen.

Wachsende Kopf-kristalle müssen gelegentlich abge-schliffen werden.

Kalter, strenger Blick zeigt eiserne Entschlossenheit.

Isolierte Jacke bewahrt nied-rige Körper-temperatur.

STEINHART

Martinex ist ein Pluvianer, deren Angehörige aus Silizium-Isotop-Kristallen bestehen. Durch die einzigartige Physiologie kann er extreme Tiefsttemperaturen und sogar im Vakuum des Weltalls überleben. Sein Körper ist robuster als der eines Menschen, heilt aber auch deutlich langsamer.

Waffen-taschengurt

WICHTIGE DATEN

ZUGEHÖRIGKEIT: Ravagers, Stakar Ogord
HAUPTSTÄRKEN: Lange Lebenszeit, Meisterdieb, loyal, widerstandsfähig
AUFTRITT: Guardians of the Galaxy Vol. 2

TASERFACE

Ravager-Meuterer

Taserface ist ein Mitglied von Yondus Ravager-Crew. Sein knorriges Gesicht wirkt erschreckend, aber er strengt sich – oft zu sehr – an, cool zu erscheinen. Weil er meint, Yondu sei weich geworden, rebelliert er und sperrt seinen Captain ein. Er stößt alle, die zu Yondu halten, aus einer Luftschleuse, bis auf Kraglin, Rocket und Groot – was sich als fataler Fehler erweist.

Unge-pflegter Iro

Hervortretende Adern verstärken das schaurige Aussehen.

Der Bart ist zum Teil geflochten.

SAAT DER REBELLION

Als er den gescholtenen Yondu im Iron Lotus auf Contraxia sieht, wächst Taserface' Unzufriedenheit mit seinem Captain und erste Gedanken an eine Meuterei kommen auf.

WICHTIGE DATEN

ZUGEHÖRIGKEIT: Ravagers
HAUPTSTÄRKEN: Stärke, Einfluss auf die Ravager-Crew
AUFTRITT: Guardians of the Galaxy Vol. 2

Die Ravagers jagen Rocket für ihre Sovereign-Auftraggeber. Als sich Yondu weigert, Rocket herauszugeben, putscht Taserface.

Schmutzige, angeklebte Fellstücke

Verrostete Gurtschnalle

VERHÖHNT

Taserface ist nicht sonderlich schlau und niemand nimmt ihn ernst. Bevor sein Schiff explodiert, versucht er, sich zu rächen, indem er Yondus Koordinaten an die Sovereign durchgibt. Doch am anderen Ende der Leitung wird er wegen seines Namens nur ausgelacht.

Sein treuer Blaster

AYESHA

Hohepriesterin

Das Volk der Sovereign ist bekannt für ihr arrogantes Überlegenheitsgefühl. Ihre Hohepriesterin Ayesha repräsentiert sie, verfolgt jedoch gänzlich eigennützige Ziele. Sie heuert die Guardians of the Galaxy an, um den Abilisk aufzuhalten, aber als Rocket wertvolle Anulax-Batterien klaut, will sie die Guardians für diese Frechheit nur noch eliminieren.

WICHTIGE DATEN

ZUGEHÖRIGKEIT: Die Sovereign
HAUPTSTÄRKEN: Militärressourcen und Finanzen der Sovereign, obsessiver Charakter
AUFTRITT: Guardians of the Galaxy Vol. 2

Die Krone ist mit dem Thron verschmolzen.

GEBURT VON ADAM

Die Sovereign werden in Geburtskapseln genetisch gezüchtet. Als ultimative Schöpfung entwickelt Ayesha Adam, dessen einziger Zweck die Vernichtung der Guardians of the Galaxy ist.

Natürlich goldene Haut

Der Kragen repräsentiert Schutz für die Stimme des Volkes.

VERGEBLICHE VERFOLGUNG

Ayesha versucht, die Guardians mit allen ihr zur Verfügung stehenden Mitteln zu vernichten, darunter eine ganze Flotte Omnicrafts und Yondus Ravagers als Jäger. Doch nichts führt zum Erfolg, was Ayesha Ärger mit dem Rat der Sovereign einbringt.

Die Sovereign besitzen Tausende ferngesteuerter Omnicrafts. Bei der Jagd auf die Guardians verliert Ayesha sie alle.

Entspannte Haltung vermittelt überlegene Selbstsicherheit.

ABILISK

Batterienfressendes Monster

Die Guardians of the Galaxy werden von den Sovereign angeheuert, um den schrecklichen Abilisk auszumerzen. Die tentakelige, interdimensionale Bestie ist ein fressgieriger Frischling, der sich an den Anulax-Batterien der Sovereign ergötzt, die ihre Zivilisation mit Strom versorgen. Als Bezahlung erhalten die Guardians Gamoras Schwester Nebula.

Die Augen sehen Strahlung und Spektralenergie.

Neue Zähne wachsen kontinuierlich nach.

WICHTIGE DATEN

ZUGEHÖRIGKEIT: Sovereign
HAUPTSTÄRKEN: Kräftige Tentakel, viele Zähne, dicke Haut, Schüsse aus dem Maul
AUFTRITT: Guardians of the Galaxy Vol. 2

ABILISKS ENDE

Die Guardians scheinen den Kampf zu verlieren. Ihre Waffen wirken nutzlos, bis Gamora eine Wunde entdeckt und ihr Schwert in das Fleisch des Abilisk rammt.

Tentakel für Ernährung und Fortbewegung

Die Haut wird mit dem Alter dicker.

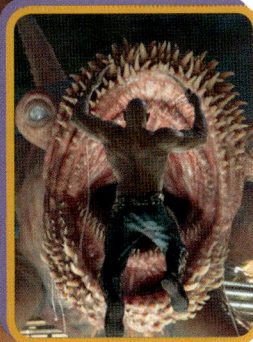

Als der Kampf aussichtslos erscheint, wirft sich Drax vorbei an Reihen scharfer Zähne in den Schlund des Abilisk.

WELTENWANDERER

Der Abilisk kann sich zwischen den Dimensionen bewegen, indem er mit konzentrierten Stößen aus Quanten-Sudelsubstanz Löcher in die Raumzeit reißt.

ANT-MAN

Dank der genialen Erkenntnisse des Wissenschaftlers Hank Pym
können Ant-Man und Wasp ihre Größe nach Belieben verändern und
wie Insekten in die Verstecke von Wirtschaftskriminellen und High-
tech-Schurken eindringen. Als Ant-Man jedoch in die Streitereien der
Avengers gezogen wird, werden seine Probleme riesengroß.

SCOTT LANG

Ex-Häftling

Der Ex-Kriminelle Scott Lang will sein Leben ordnen, um Zeit mit seiner Tochter Cassie verbringen zu können. Er tut sich mit dem Forscher Hank Pym und dessen Tochter Hope van Dyne zusammen und wird zum Helden Ant-Man. Gemeinsam halten sie Darren Cross davon ab, Pyms Forschung an Terroristen zu verkaufen.

Hank Pym verführt Lang zum Einbruch in sein Haus, wo Lang den Ant-Man-Anzug stiehlt. Pym wünscht sich Lang als nächsten Ant-Man.

HIGHTECH-DIEB

Scott Lang hat ein Talent für Einbrüche, nur leider keines dafür, Festnahmen zu entgehen. Er weiß genau, welche Vorbereitungen zu treffen sind, um auch die sichersten Tresore zu knacken.

Den Bademantel trägt er beim Hausarrest.

HAUSARREST

Als er gegen das Sokovia-Abkommen verstößt, um Captain America zu helfen, wird Scott festgenommen. Er akzeptiert zwei Jahre unter Hausarrest gestellt zu werden, damit er bei seiner Tochter Cassie sein kann.

WICHTIGE DATEN

ZUGEHÖRIGKEIT: Avengers, Hank Pym, Hope van Dyne, X-Con Security, Luis, Kurt, Dave, Captain America

HAUPTSTÄRKEN: Entschlossenheit, Herz, Ant-Man: Größenveränderung, Kommunikation mit Ameisen

AUFTRITTE: Ant-Man, The First Avenger: Civil War, Ant-Man and the Wasp

Um sich unter Hausarrest nicht zu langweilen, ist Kreativität gefragt. Scott spielt Schlagzeug und lernt Zaubertricks.

ANT-MAN

Insektengroßer Held

Hank Pym und Hope van Dyne lehren Scott Lang, Ant-Mans variierende Größe zu seinem Vorteil zu nutzen. Nach dem Sieg über Darren Cross' Yellowjacket widersetzt sich Ant-Man gemeinsam mit mehreren Avengers dem Sokovia-Abkommen. Später hilft er Hank und Hope, Janet van Dyne in der Quanten-ebene zu finden ... bevor er selbst dort landet!

Blendfreies Visier

Gepanzerter Anzug passt sich an wechselnde Größe an.

Ant-Man nutzt Rossameisen zur schnellen Beförderung, doch als er den Gangster Sonny Burch jagt, werden seine Flieger von Möwen gefressen.

Regulierungsknopf

AUFTAKT: ANT-MAN

Als Scott Lang in Hank Pyms Tresor einbricht, erwartet er, ein Vermögen zu finden. Stattdessen findet er den Ant-Man-Anzug, den er für eine Motorradkluft hält.

UNTER KONTROLLE

Ant-Man verändert seine Größe mithilfe der Pym-Partikel, die über Knöpfe an Handschuhen und Gürtel reguliert wer-den. Während der Größen-fluktuation beugt sein Helm riskanten Veränderungen seiner Hirnchemie vor.

Gürteltasche ent-hält Ampullen mit Pym-Partikeln.

Hope ist nicht begeistert vom Ärger, den Ant-Man bereitet, in-dem er mit den Avengers kämpft.

Auf der Jagd nach Sonny Burch stürzt Ant-Man ins Meer, bevor er in die Höhe schießt und zum riesigen Giant-Man wird.

DR. HENRY J. „HANK" PYM

Der erste Ant-Man

Als Mitglied von S.H.I.E.L.D. entdeckt Hank Pym die Pym-Partikel, die die Größe jeden Objekts verändern können, und er erfindet den Ant-Man-Anzug. Hank und seine Frau Janet arbeiteten als Team zum Schutz der Welt. Als sie in der Quantenebene verschwindet, gründet Hank die Firma Pym Tech, um sie zu finden, was ihm auch gelingt.

Überlegener, getriebener Verstand

Professionelle Kleidung spiegelt disziplinierte Haltung wider.

EIN NEUER ANT-MAN

Als das rivalisierende Genie Darren Cross Pym Tech übernimmt und versucht, Hanks Technologie zu kopieren, überredet Hank Scott Lang, den Ant-Man-Anzug anzulegen und ihm zu helfen, Cross aufzuhalten.

Als die ersten Ant-Man und Wasp fangen Hank und Janet eine sowjetische Atomrakete mit Kurs auf die USA ab. Janet stoppt sie, kann aber nicht mehr aufhören, zu schrumpfen.

FAMILIENGEHEIMNIS

Pym widmet einen Großteil seines Lebens der Suche nach seiner Frau Janet, aber er verheimlicht den Grund ihres Verschwindens vor seiner Tochter Hope, in dem törichten Versuch, sie zu beschützen.

WICHTIGE DATEN

ZUGEHÖRIGKEIT: S.H.I.E.L.D., Janet van Dyne, Hope van Dyne, Scott Lang

HAUPTSTÄRKEN: Wissenschaftliches Genie, Ant-Man-Technologie

AUFTRITTE: Ant-Man, Ant-Man and the Wasp

ANT-THONY

Kleines Ross

Hank Pym hält eine Vielzahl von Ameisen. Nummer 247 ist so loyal und wohlgesonnen, dass Scott Lang ihr einen Namen gibt. „Ant-Thony" befreit Scott aus dem Gefängnis und trägt ihn auf mehreren Missionen, wie dem Einbruch in einen Avengers-Stützpunkt. Auf der Flucht vor Darren Cross wird er auf tragische Weise abgeschossen.

TREUER TRÄGER

Ant-Thony ist eine Rossameise. Die Gattung erhielt ihren Namen wegen ihres schnellen Ganges und weil sie die größte ihrer Art ist. Ant-Man nutzt sie als Flug- und Reittier.

Sattel mit Haltegriffen

Vier große Flügel ermöglichen Flug.

Große Kieferzangen zum Zerkauen von Holz

FLIEGENDER RETTER

Ant-Thony fliegt Scott Lang vom Gefängnis zu Pyms Wohnsitz. Als Lang unterwegs hinunterstürzt, fängt Ant-Thony ihn auf und bringt ihn sicher ans Ziel.

Sechs gelenkige Beine

WICHTIGE DATEN

ZUGEHÖRIGKEIT: Ant-Man, Hank Pym
HAUPTSTÄRKEN: Loyal, tapfer, Stärke, Fliegerass
AUFTRITT: Ant-Man

Scott Lang gibt Ant-Thony von einem Wassertropfen zu trinken. Die beiden verbringen viel Zeit damit, gemeinsam zu trainieren.

HOPE VAN DYNE

Pym-Tech-Vorsitzende

Auf der Beziehung zwischen Erfinder Hank Pym und seiner Tochter Hope lastete stets seine Weigerung, ihr die Wahrheit über das Verschwinden ihrer Mutter Janet zu erzählen. Als Vorsitzende von Pym Tech wird sie dazu gebracht, Pym aus der eigenen Firma hinauszuwählen. Sie versöhnen sich, um den neuen Firmenchef Darren Cross davon abzuhalten, Pyms Forschung an Hydra zu verkaufen.

DIE WAHRHEIT

Hank will seine Tochter keiner Gefahr aussetzen wie einst ihre Mutter, daher hält er Abstand zu ihr. Als er ihr schließlich die Wahrheit sagt (dass ihre Mutter auf einer Mission als Wasp verschwand), gibt er ihr einen eigenen Anzug.

NÄHE ZUM FEIND

Hope behält Darren Cross im Auge, während dieser die größenverändernden Pym-Partikel perfektioniert. Als er einen Durchbruch schafft, erkennt Hope, dass sie handeln muss, um ihn aufzuhalten.

Van Dyne bildet Scott Lang aus. Zu wissen, dass sie die Qualifiziertere ist, sorgt bei ihm für Frustrationen.

Maßgeschneiderter Anzug

WICHTIGE DATEN

ZUGEHÖRIGKEIT: Pym Tech, Hank Pym, Scott Lang
HAUPTSTÄRKEN: Geschäftsführung, Wasp: Kampfgeschick, Kommunikation mit Ameisen, Größenveränderung, Blaster, Flügel
AUFTRITTE: Ant-Man, Ant-Man and the Wasp

Van Dyne hilft ihrem Vater, ihre Mutter zu suchen, und sorgt dafür, dass alles glattläuft.

WASP
Winzig und mächtig

Die Antenne verbessert die Kommunikation mit den Ameisen.

ACHTUNG, STACHEL!

Obwohl Hank Pym auch Scott Lang damit ausstatten könnte, behält er ein paar gefährliche Funktionen seiner fähigeren Tochter vor. Neben ihren Flügeln besitzt Wasp auch leistungsstarke Blaster an ihren Handgelenken.

Rote Leitungen verteilen Pym-Partikel.

Stinger-Blaster (feuert auch Projektile ab)

Pym-Partikel-Speicher

Wasp nutzt ihre winzige Größe als Vorteil, wenn sie sich an Gegner anschleicht.

Ursprünglich von Janet van Dyne getragen, gehört der Titel Wasp jetzt ihrer Tochter Hope. Die neue Wasp tut sich mit Ant-Man zusammen, um Hanks gestohlenes Labor zu bergen und dem FBI, dem Gangster Sonny Burch und der rachgierigen Ghost zu entkommen. Das Duo konstruiert später einen Quantentunnel, um Hopes Mutter aus der Quantenebene zu befreien.

Auftriebs-verstärkende Stiefel

ABGEHOBEN

Wasp hat eigene Flügel und muss daher nicht wie Ant-Man auf Rossameisen reiten. Wenn sie nicht gebraucht werden, lassen sich ihre vier Flügel auf ihrem Rücken zusammenfalten.

DARREN CROSS

Pym-Tech-Geschäftsführer

Der einstige Schützling von Hank Pym Darren Cross überredet Hope van Dyne und die restlichen Vorstandsmitglieder von Pym Tech, Pym aus der eigenen Firma hinauszuwählen. Cross wird der neue Geschäftsführer und macht sich daran, Pyms geheime Ant-Man-Technologie zu kopieren und an Terroristen zu verkaufen.

Unausgeglichener, überambitionierter Verstand

Cross testet seine experimentellen Pym-Partikel an Lämmern. Die Technologie zu perfektionieren dauert eine Weile.

AUSGEBOOTET

Cross lädt Hank Pym zur Enthüllung seiner Pläne zur Weiterentwicklung der Ant-Man-Technologie ein. Pym ist entsetzt, doch Cross ist entschlossen, seinen Mentor auszuspielen.

PARANOIA

Cross ist von Hank Pyms geheimer Karriere als S.H.I.E.L.D.-Agent und seiner Ant-Man-Forschung besessen. Seiner Fixierung auf Pyms geheime Arbeit hilft es auch nicht, dass seine Hirnchemie von Pym-Partikeln verändert wurde.

Teurer Anzug

WICHTIGE DATEN

ZUGEHÖRIGKEIT: Pym Tech
HAUPTSTÄRKEN: Ehrgeiz, Entschlossenheit. Yellowjacket: Flugkraft, Laser, Stärke, Größenveränderung
AUFTRITT: Ant-Man

Hope van Dyne gibt vor, mit Cross zusammenzuarbeiten, um seine Forschungsfortschritte im Auge behalten zu können.

YELLOWJACKET

Ant-Mans Feind

Darren Cross dupliziert erfolgreich Hank Pyms Ant-Man-Forschung. Er entwirft eine gerüstete Version zur Kriegsführung namens Yellowjacket, um sie an den Höchstbietenden (namentlich Ten Rings und Hydra) zu verkaufen. Als Pym, dessen Tochter Hope und Scott Lang einschreiten, legt Cross den Yellowjacket-Anzug an, um Ant-Man zu bekämpfen.

Kommunikations- und Sensorantenne

STACHLIG
Yellowjacket kann mithilfe von Schubraketen fliegen. Die einfahrbaren Arme dienen dem Klettern und der Handhabung von Objekten. An ihren Spitzen sitzen „Stachel", die starke Laserschüsse abfeuern.

Titanhelm mit einfahrbarem Gesichtspanzer

Starke, gelenkige Arme

Hochleistungs-Laseremitter

Gepanzerter Anzugskern

Experimentelle Wabenmatrix

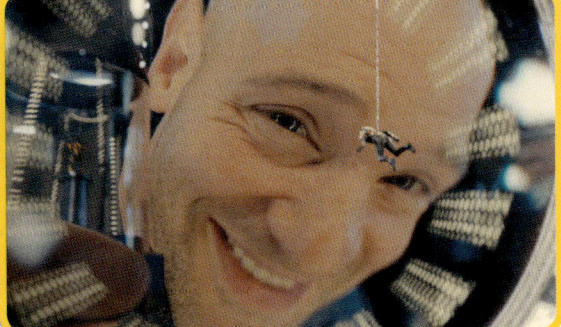

IN FLAGRANTI
Darren Cross fängt Ant-Man ein, als dieser den Yellowjacket-Anzug stehlen will. Cross' Übermut gibt Ant-Man jedoch Gelegenheit, zu fliehen und Cross' Deal mit Hydra zu vereiteln.

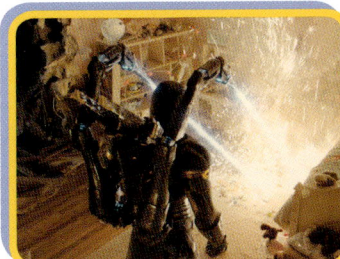

Yellowjacket beschießt Ant-Man im Zimmer von dessen Tochter Cassie. Immer wieder schrumpfen und wachsen die beiden beim Kampf.

CASSIE LANG

Liebevolle Tochter

Cassie ist das einzige Kind von Scott und Maggie Lang. Ihre Eltern sind geschieden, daher lebt sie größtenteils bei ihrer Mutter und deren Verlobtem Jim Paxton. Das kluge Kind liebt ihren Vater und sie ist sein Ein und Alles, auch wenn Scott ihre Mutter enttäuscht. Cassie motiviert Scott, sein verkorkstes Leben zu richten.

Hat lange Haare wie ihre Mutter

Trägt Papas alte Jacke

WOCHENENDPAPA

Nachdem er Cassies Mama bewiesen hat, dass er ein guter Vater sein kann, verbringt Scott viel Zeit mit Cassie, auch als er unter Hausarrest steht. Sie träumt davon, als Heldin an seiner Seite zu kämpfen.

Cassie würde ihren Papa gern auf Ant-Man-Missionen begleiten, doch fürs Erste können sie das nur spielen.

WICHTIGE DATEN

ZUGEHÖRIGKEIT: Maggie Lang, Scott Lang, Jim Paxton
HAUPTSTÄRKEN: Klug, optimistisch, tüchtig
AUFTRITTE: Ant-Man, Ant-Man and the Wasp

WIE DER VATER, SO DIE TOCHTER

Manchmal hat auch Cassie mit Ant-Mans Feinden zu tun. Als Yellowjacket sie als Geisel nimmt, wehrt sie sich nach Kräften, bis ihr Papa eintrifft und ihn besiegt.

JIM PAXTON

Starker Stiefvater

Während Scott Lang im Gefängnis sitzt, verlobt sich seine Ex-Frau Maggie mit dem Polizisten Jim Paxton. Als Scott entlassen wird, versucht Jim, ihn von Maggie und Scotts Tochter fernzuhalten. Scott überzeugt Jim jedoch, dass er ein guter Vater ist, als er sein Leben riskiert, um Cassie vor Yellowjacket zu retten.

ANT-MAN-FAN
Nach seinem Gesinnungswandel lässt Jim alle Strafanzeigen gegen Scott streichen. Er hilft Scott sogar während dessen Hausarrest.

Denkt immer zuerst an die Familie.

VORURTEILE
Jim missbilligt Scotts kriminelle Vergangenheit und wundert sich nicht über Scotts Einbruch bei Hank. Er glaubt, Scott habe schlechten Einfluss auf Cassie.

Cassie, Maggie und Jim sind überrascht, beim Familienabend Scott als Giant-Man im Fernsehen zu sehen.

WICHTIGE DATEN
ZUGEHÖRIGKEIT: Maggie Lang, Cassie Lang, Polizei von San Francisco, Scott Lang
HAUPTSTÄRKEN: Hohe Moral, Polizeiausbildung
AUFTRITTE: Ant-Man, Ant-Man and the Wasp

LUIS

Geschäftsstrohmann

Der fröhliche und optimistische Luis war Scott Langs ehemaliger Zellengenosse im Staatsgefängnis San Quentin. Nach dem Gefängnis teilen sie sich eine Wohnung und tun sich mit den Ex-Kriminellen Kurt und Dave zusammen, um eine anständige Firma aufzubauen. Luis erzählt gern ausschweifende Geschichten, die oft zu Problemen führen.

Lieblings-baseball-mütze

ZEUG ZUM HELDEN

Als Ex-Verbrecher ist es Luis nicht gewohnt, zu den Guten zu gehören. Er nutzt die Gelegenheit, sich zu beweisen, indem er Scott Lang hilft, den korrupten Firmenchef Darren Cross und dann die Superschurkin Ghost zu bezwingen.

Dienstuniform

SICHERHEITSFIRMA X-CON SECURITY

Luis, Kurt, Dave und Scott nutzen ihr Fachwissen als Ex-Einbrecher, um eine Sicherheitsfirma zu gründen. Während Scott unter Hausarrest steht, ist Luis das Gesicht der Firma.

WICHTIGE DATEN

ZUGEHÖRIGKEIT: X-Con Security, Dave, Kurt, Scott Lang, Hank Pym, Hope van Dyne
HAUPTSTÄRKEN: Optimistisch, einfallsreich, loyal
AUFTRITTE: Ant-Man, Ant-Man and the Wasp

Alle sind hinter Hank Pyms verkleinertem Labor her. Luis versucht, es vor Ghost, Sonny Burch und den Behörden zu verstecken.

DAVE

Fluchtfahrer

Als Scott Lang aus dem Gefängnis kommt, stellt Luis ihn seinen Freunden Dave und Kurt vor. Dave war auch mal im Gefängnis und ist der Fahrer des Quartetts beim Einbruch in Hank Pyms Haus und bei Pym Tech. Bei ihrer Sicherheitsfirma X-Con setzt er sein Geschick weiter ein.

Firmenmütze

HALUNKE WIRD HELD

Als Fluchtfahrer des Teams hängt Dave die Polizei ab. Als das Fernsehen zeigt, wie er und Kurt Burch dazu bringen, seine Verbrechen zu gestehen, ändert sich ihr Ruf und X-Cons Geschäfte blühen auf.

X-Con-Security-Abzeichen

SCHMIERE STEHEN

Dave und Kurt halten die Augen offen, während Luis, Scott, Hank und Hope bei Pym Tech versuchen, den Yellowjacket-Anzug von Darren Cross zu stehlen.

Dave und Kurt helfen bei der Festnahme von Sonny Burch und dessen Bande, die versuchen die Ant-Man-Technologie zu stehlen.

WICHTIGE DATEN

ZUGEHÖRIGKEIT: X-Con Security, Luis, Kurt, Scott Lang, Hank Pym
HAUPTSTÄRKEN: Sicherheitsfachwissen, geschickter Fahrer
AUFTRITTE: Ant-Man, Ant-Man and the Wasp

KURT

Technikexperte

Kurt ist ein russischer Hacker, der fünf Jahre im Staatsgefängnis San Quentin einsitzt. Nach seiner Entlassung tut er sich mit seinen Freunden Luis und Dave zusammen. Sie helfen Scott Lang, Hank Pym und Hope van Dyne, Verbrecher zu fangen, während sie gleichzeitig eine eigene Sicherheitsfirma namens X-Con auf die Beine stellen.

Beim Versuch, ihren Feinden zu entkommen rasen Kurt, Luis und Dave durch San Francisco.

Moderner Haarschnitt

Blendfreie Computerbrille

TEAMGRÜNDUNG

Computerbildschirm

Kurt und Dave werden Scott Lang vorgestellt, als sie Luis in dessen Wohnung besuchen. Die drei überreden den zögerlichen Scott, in Hank Pyms Haus einzubrechen.

WICHTIGE DATEN

ZUGEHÖRIGKEIT: X-Con Security, Luis, Dave, Scott Lang, Hank Pym
HAUPTSTÄRKEN: Geschickter Computerhacker, Technikexperte des Teams
AUFTRITTE: Ant-Man, Ant-Man and the Wasp

COMPUTERKENNER

Als Informatikspezialist des Teams ist es an Kurt, auf ihren Missionen Sicherheitssysteme auszuschalten und für die Kommunikation zu sorgen. Dasselbe Geschick nutzt er auch in ihrer Sicherheitsfirma.

JANET VAN DYNE

Die erste Wasp

Janet ist die Ehefrau von Hank Pym und die Mutter von Hope van Dyne. Sie arbeitete als Wasp mit ihrem Mann, dem ersten Ant-Man, für S.H.I.E.L.D. Tragischerweise verschwand sie in der Quantenebene als sie unkontrollierbar schrumpfte, während sie eine sowjetische Rakete deaktivierte. Seitdem widmet Hank Pym sein Leben der Suche nach ihr.

FAMILIE FINDEN

Janet kontaktierte ihre Familie, indem sie Informationen in Scott Langs Verstand einpflanzte, als er in die Quantenebene eintrat. Per Quantenverstrickung konnte Janet sogar durch Scott sprechen!

Wasp-Anzug

ÜBERLEBEN IM EXIL

Hank und seine Tochter Hope bauen einen Quantentunnel, um Janet zu erreichen. Hank findet sie allein vor. Wie sie die 31 Jahre in der Quantenebene verbracht hat, bleibt unklar.

Mysteriöse, zerschlissene Kutte

Nach jahrzehntelanger Trennung freut sich Janet über das Wiedersehen mit ihrer Tochter Hope.

WICHTIGE DATEN

ZUGEHÖRIGKEIT: Hank Pym, Hope van Dyne, S.H.I.E.L.D.
HAUPTSTÄRKEN: Mitgefühl, Einfallsreichtum, Aufopferung, Quantenpartikelmanipulation
AUFTRITTE: Ant-Man, Ant-Man and the Wasp

GHOST

Ava Starr

Ava Starr ist die Tochter des Ex-S.H.I.E.L.D.-Agenten Elias Starr. Ihr Vater stiehlt Quantentechnologie von Hank Pym und führt Tests durch, bei denen er und seine Frau in einer Explosion sterben. Ava überlebt, ist aber verändert. Sie kann jetzt zwischen Quantendimensionen wandeln und Objekte durchschreiten.

Zusätzliche „Augen" stärken Sicht bei Phasenverschiebung

ANZUGSCHWÄCHE

S.H.I.E.L.D. bildet Ava zur Attentäterin aus und Dr. Bill Foster entwirft einen Anzug zur Schmerzlinderung bei Phasenverschiebung. Dieser ist aber mangelhaft. Daher plant sie, Janet van Dyne heilende Quantenenergie zu entziehen.

Stabilisierungskern für lebensnotwendige Organe

Anzug-Taststeuerung

ZIELE

Ghost erfährt den Aufenthaltsort von Hank Pym, Scott Lang und Hope van Dyne (und Pyms Labor) von Luis, der gefesselt wurde und von Gangster Sonny Burch ein Wahrheitsserum injiziert bekam.

Phasenverschiebungspufferfeld

Ghost nutzt ihr athletisches Geschick, um ein Motorrad zu stehlen und den Laster zu jagen, der Hank Pyms miniaturisiertes Labor transportiert.

WICHTIGE DATEN

ZUGEHÖRIGKEIT: Dr. Bill Foster, S.H.I.E.L.D.
HAUPTSTÄRKEN: Quantenverschiebung (Unsichtbarkeit und Durchschreiten von Objekten)
AUFTRITT: Ant-Man and the Wasp

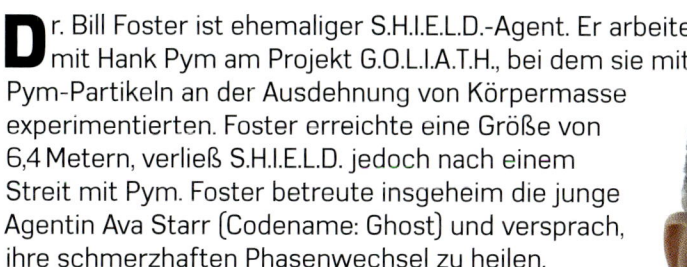

DR. BILL FOSTER

Ausgestiegener Forscher

Dr. Bill Foster ist ehemaliger S.H.I.E.L.D.-Agent. Er arbeitete mit Hank Pym am Projekt G.O.L.I.A.T.H., bei dem sie mit Pym-Partikeln an der Ausdehnung von Körpermasse experimentierten. Foster erreichte eine Größe von 6,4 Metern, verließ S.H.I.E.L.D. jedoch nach einem Streit mit Pym. Foster betreute insgeheim die junge Agentin Ava Starr (Codename: Ghost) und versprach, ihre schmerzhaften Phasenwechsel zu heilen.

Akademiker-
brille

QUANTENFORSCHER

Foster verließ S.H.I.E.L.D. vor dem Aufstieg von Hydra und wurde Professor an der University of California. Hier lehrt er neueste theoretische Wissenschaften.

Schlichte
Kleidung

WICHTIGE DATEN

ZUGEHÖRIGKEIT: S.H.I.E.L.D., Hank Pym, Ghost
HAUPTSTÄRKEN: Sachverstand, Mitgefühl
AUFTRITT: Ant-Man and the Wasp

In einem Labor in Avas Unterschlupf versucht Foster ihre Schmerzen zu lindern.

FAMILIENGEIST

Über die Jahre entwickeln Foster und Ava so etwas wie eine Vater-Tochter-Beziehung. Er tut alles in seiner Macht Stehende, um ihren Schmerz zu lindern und ihr Leben zu retten.

JIMMY WOO

FBI-Agent

Jimmy Woo ist ein fähiger FBI-Agent und Scott Langs Vollzugsbetreuer, nachdem Lang gegen das Sokovia-Abkommen verstoßen hat. Er fahndet auch nach Hank Pym und Hope van Dyne, die gegen das Abkommen verstießen, als sie Lang mit dem Ant-Man-Anzug ausstatteten, den er trug, als er Captain America half.

Perfekt frisiertes Haar

FINGERFERTIG

Obwohl er als engagierter FBI-Agent unermüdlich Lang, Pym und van Dyne jagt, ist Woo ein gutherziger Mensch. Langs neues Hobby inspiriert ihn und er versucht, sich selbst Kartentricks beizubringen.

Frisch gebügelter FBI-Anzug

HAUSBESUCH

Jimmy Woo soll dafür sorgen, dass Lang während seines Hausarrests auch zu Hause bleibt. Lang verlässt das Haus dennoch, aber Woo schafft es nie, ihn zu fangen.

Mit Stolz getragenes, poliertes FBI-Abzeichen

WICHTIGE DATEN

ZUGEHÖRIGKEIT: FBI, Scott Lang
HAUPTSTÄRKEN: FBI-Ressourcen, Engagement, Integrität
AUFTRITT: Ant-Man and the Wasp

SONNY BURCH

Hightech-Hehler

Der dubiose Gangster Sonny Burch hat Zugang zu seltener Technologie, die Hope van Dyne zur Fertigstellung des Quantentunnels braucht. Als Hope versucht, sie ihm abzukaufen, will er sie erpressen, um Teilhaber an ihrer Quantentechnik zu werden. Das führt zu einem fortdauernden, erbitterten Konflikt zwischen ihm und Wasp.

Aalglattes Gehabe kaschiert hinterlistigen Charakter.

Auffallende, grellbunte Krawatte

Billiger Geschäftsanzug

VERZWEIFLUNGSTATEN

Mit dem FBI auf den Fersen müssen sich Hope van Dyne und ihr Vater an Schmuggler wie Sonny Burch wenden, um an die Mittel für ihren Quantentunnel zu kommen und Hopes Mutter zu finden.

MIESE GESCHÄFTE

Sonnys fragwürdige Praktiken machen ihn zu einem unzuverlässigen, verräterischen Partner. Die meisten machen nur ein Mal Geschäfte mit ihm.

Sonny verhört Luis, Kurt und Dave, um die Quantentechnik aus Pyms Labor zu stehlen. Er verabreicht ihnen ein Wahrheitsserum, um zu erfahren, wo es ist.

WICHTIGE DATEN

ZUGEHÖRIGKEIT: Kriminelle Unterwelt, Restaurant Oui
HAUPTSTÄRKEN: Schwarzmarktkontakte, Bandenmethoden, Spione beim FBI
AUFTRITT: Ant-Man and the Wasp

DOCTOR STRANGE

Ein arroganter Arzt verliert alles, was ihm lieb ist, bevor er als Meister der mystischen Künste einen neuen Lebenssinn findet. Als Doctor Strange bekämpft er böse Hexer und außerdimensionale Wesen und schwört, einen geheimnisvollen Stein zu beschützen, der die Zeit kontrolliert.

DR. STEPHEN STRANGE

Star-Chirurg

Stephen Strange ist New Yorks bester Neurochirurg, bis seine Hände durch einen Autounfall beschädigt werden. Er verwendet all sein Geld auf ihre Heilung und reist verzweifelt nach Kathmandu, um die mysteriöse Lehrerin „die Älteste" zu finden. Von dort aus nimmt sein Leben eine völlig neue Richtung.

Langes, unge-pflegtes Haar

Struppiger Bart

ARROGANZ

Zu seiner Unterhaltung – und um anzugeben – spielt Strange beim Operieren Spielchen. Als Chirurg erzielt er eine hohe Erfolgsrate, lehnt aber auch Fälle ab, an denen er scheitern könnte.

SELBSTZERSTÖRUNG

Strange ist arrogant und stolz. Als er seine Hände nicht heilen kann, verliert er sich in Frustration und stößt seine Geliebte Christine Palmer von sich. Er opfert alles in der schwachen Hoffnung, sein altes Leben zurückzubekommen.

Wasserfeste Jacke

Mehrlagige Kleidung für wechselndes Wetter

Schmutzige, abgetragene Hosen

Die Älteste zeigt Stephen Strange viele seltsame Dimensionen im Multiversum, darunter auch die Gras-Gelee-Dimension.

Reiseführer und hand-gezeichnete Karten

Strange übt, mit einem Sling-Ring ein Portal zu öffnen. Er hinkt anderen Schülern hinterher.

DOCTOR STRANGE

Meister der mystischen Künste

Stephen Strange lernt an einem Ort namens Kamar-Taj, die mystischen Mächte zu beherrschen. Als seine Lehrerin, die Älteste, von Kaecilius getötet wird, wird Strange der Oberste Zauberer. Von seinem Tempel, dem Sanctum Sanctorum in New York, aus beschützt Strange die Erde vor übernatürlichen Gefahren, interdimensionalen Wesen und Außerirdischen.

Herbeigezauberter Schild

Auge von Agamotto

Strange versucht, mit Zaubersprüchen den Zeitstein vor Thanos zu schützen, scheitert aber letztlich.

Schwebemantel

ZEIT VERÄNDERN

Stranges erste Versuche mit dem mystischen Auge von Agamotto erschrecken seine Freunde Wong und Mordo. Mit dem Geschick, das er darin erlangt, kann er jedoch den schrecklichen Dormammu bezwingen.

WICHTIGE DATEN

ZUGEHÖRIGKEIT: Metro-General Hospital, Christine Palmer, Meister der mystischen Künste, Wong, Avengers
HAUPTSTÄRKEN: Intelligenz, Innovation, Zaubersprüche, Zeitstein (Auge von Agamotto)
AUFTRITTE: Thor: Tag der Entscheidung, Doctor Strange, Avengers: Infinity War

STEINHÜTER

Doctor Strange ist der Hüter des Auges von Agamotto. Das magische Artefakt wird vom Zeitstein der Infinity-Steine gespeist, der dem Nutzer die Kontrolle über alle Aspekte der Zeit ermöglicht.

DR. CHRISTINE PALMER

Unerschrockene Ärztin

Die New Yorkerin Dr. Christine Palmer ist Stephen Stranges Ex-Freundin und Kollegin. Sie kümmert sich nach seinem Unfall um ihn, aber in seiner egoistischen Frustration stößt er sie von sich und es kommt zur Trennung. Zum Glück ist sie nicht nachtragend und rettet Stranges Leben, als er von Lucian, einem Anhänger des Schurken Kaecilius, schwer verletzt wird.

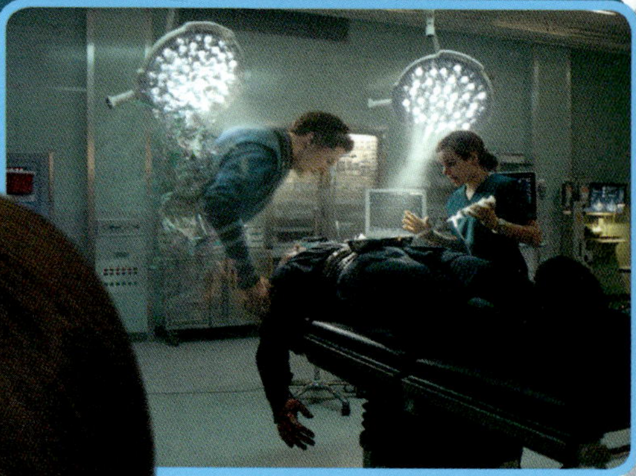

Ihre persönliche Beziehung mit der beruflichen zu vereinen, ist herausfordernd. Palmer kennt Stranges Konkurrenzdenken und seine Ichbezogenheit aus erster Hand.

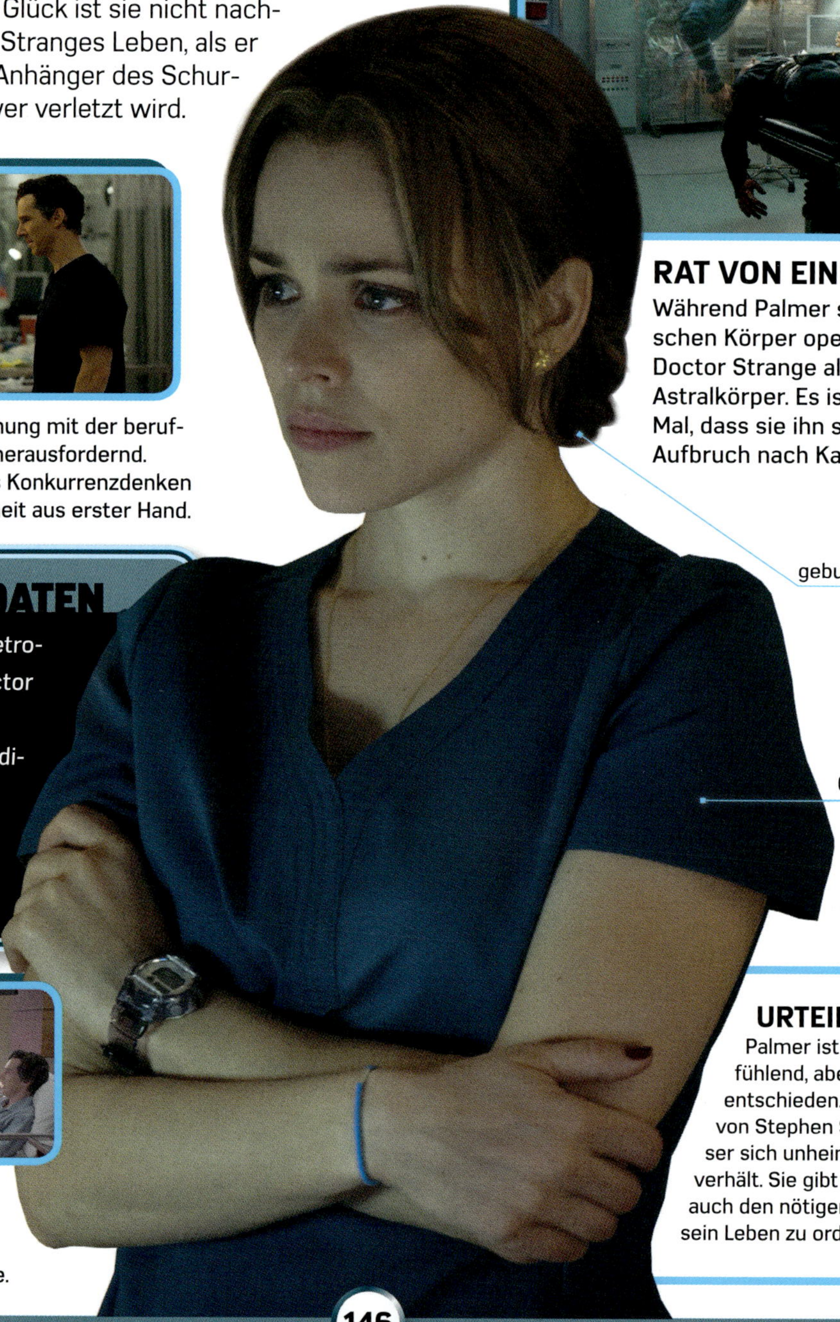

RAT VON EINEM GEIST

Während Palmer seinen physischen Körper operiert, berät sie Doctor Strange als spukhafter Astralkörper. Es ist das erste Mal, dass sie ihn seit seinem Aufbruch nach Kamar-Taj sieht.

Zurückgebundenes Haar

Standard-OP-Kleidung

WICHTIGE DATEN

ZUGEHÖRIGKEIT: Metro-General Hospital, Doctor Strange

HAUPTSTÄRKEN: Medizinische Ausbildung, Mitgefühl, Loyalität

AUFTRITT: Doctor Strange

URTEILSSTARK

Palmer ist gütig und mitfühlend, aber sie ist auch entschieden. Sie trennt sich von Stephen Strange, als dieser sich unheimlich verletzend verhält. Sie gibt ihm damit aber auch den nötigen Raum, um sein Leben zu ordnen.

Während sich Strange von seinem Autounfall erholt, kümmert sich Palmer um seine Hände.

DIE ÄLTESTE

Oberste Zauberin

Ausgehend vom Großen Agamotto wird der Titel „Oberster Zauberer" seit Jahrtausenden weitergegeben. „Die Älteste" lebt seit Jahrhunderten und lehrt in ihrem Zuhause in Kamar-Taj neue Zauberer im Umgang mit den mystischen Mächten. Sie schwor, das Auge von Agamotto – und die Erde – vor übernatürlichen Gefahren zu beschützen.

Die Augen strahlen voll Erleuchtung.

WICHTIGE DATEN

ZUGEHÖRIGKEIT: Meister der mystischen Künste, Doctor Strange
HAUPTSTÄRKEN: Zaubersprüche, Weisheit, Führungsstärke, Lehren, Kraft der Dunklen Dimension
AUFTRITT: Doctor Strange

DUNKLE KRAFT

Die Älteste bezieht ihre Kraft insgeheim aus der Dunklen Dimension. Die Abhängigkeit von der gefährlichen Machtquelle ist ihr verhasst, doch sie muss ihr Leben erhalten, bis sie jemanden findet, der ihren Platz einnimmt.

Schals werden durch Magie zu Waffen.

Ausgestreckte Hände, während sie schwebt

Zeitlose Kleidung

Warmer Wollunterrock

LETZTER ZAUBER

Die bevorzugten Waffen der Ältesten sind magische Kampffächer. Sie zaubert sie herbei, um in der Spiegeldimension gegen Kaecilius und dessen Zeloten zu kämpfen, doch er besiegt sie.

In ihrem Schulzimmer im Kamar-Taj lehrt die Älteste Doctor Strange die Grundlagen der Zauberei.

WONG

Bibliothekar von Kamar-Taj

Meister Wong ist der penible Bibliothekar von Kamar-Taj. Es gelingt ihm nicht, das Sanctum von Hongkong gegen den abtrünnigen Magier Kaecilius zu verteidigen, aber er stellt sich gemeinsam mit Doctor Strange dem bösen Dormammu. Später dient Wong Doctor Strange im Sanctum von New York und bewacht es, als Strange von Thanos' Sohn Ebony Maw entführt wird.

Intensive Konzentration beim Zaubern

WICHTIGE DATEN

ZUGEHÖRIGKEIT: Meister der mystischen Künste, Avengers
HAUPTSTÄRKEN: Zaubersprüche, Weisheit, enzyklopädisches Wissen um mystische Künste, Loyalität
AUFTRITTE: Doctor Strange, Avengers: Infinity War

WONGS ZAUBERSTAB

Wong ist ein Meister mit dem Stab von Watoomb, einer uralten Reliquie mit gehörnten Köpfen. Mit dem Stab kann man magische Energie absorbieren, verstärken und umleiten.

Erhobene Hände, um magische Schilde herbeizurufen

Doctor Strange und Wong schauen zu Bruce Banner hinunter, der durch das Dach gestürzt ist und sie vor Thanos' Kommen warnt.

Oft gebrauchter Sling-Ring

Schwere Kleidung schützt vor extremer Kälte.

HEILIGE SCHRIFTEN

Als Bibliothekar hilft Wong Doctor Strange bei der Lektüreauswahl. Wong merkt an, dass kein Wissen verboten ist – nur bestimmte Praktiken. Strange macht rasch Fortschritte, indem er ohne Wongs Erlaubnis Bücher ausborgt.

MORDO

Desillusionierter Zauberer

Mordo kam auf der Suche nach Wissen und Macht nach Kamar-Taj. Stattdessen brachten ihm die Lehren der Ältesten Ausgeglichenheit und Frieden. Als er erfährt, dass die Älteste ihre Kraft aus der Dunklen Dimension bezieht, verlässt er enttäuscht den Orden und beschließt, die Welt von Zauberern zu befreien.

Stab des lebenden Tribunals

Hand stets bereit zum Kämpfen oder Zaubern

HELFENDE HAND

Mordo beobachtet Stephen Strange, der auf den Straßen Kathmandus nach dem sagenhaften Kamar-Taj sucht. Als Banditen Strange überfallen, schreitet Mordo ein. Nach kurzem Kampf bringt er den verzweifelten Doctor zur Ältesten.

Kunstvoller, handgefertigter Yakledergürtel

WICHTIGE DATEN

ZUGEHÖRIGKEIT: Meister der mystischen Künste, Doctor Strange, die Älteste
HAUPTSTÄRKEN: Zaubersprüche, Kampfkünste
AUFTRITT: Doctor Strange

Mehrlagiger Wollmantel

Mordo versucht erfolglos, Strange zu lehren, mit einem Sling-Ring ein Portal zu öffnen.

Sprungstiefel von Valtorr

PASSENDE WAFFE

Der Legende nach gehörte Mordos Stab einst einem mächtigen, aber distanzierten Wesen, das als gnadenloser Richter Schuldige zu schrecklichen Strafen verurteilte. Dieselbe unnachgiebige Haltung macht sich Mordo zu eigen.

KAECILIUS

Jünger von Dormammu

Kaecilius trauert um seine Familie und kommt nach Kamar-Taj, um Frieden zu finden. Die Älteste unterrichtet ihn in den mystischen Mächten und sinnt dabei insgeheim nach Macht, um seine Familie wiederzuerwecken. Als er erfährt, dass seine Lehrerin Kraft aus der Dunklen Dimension bezieht, rebelliert er und schließt sich dem diabolischen Dormammu an.

WICHTIGE DATEN

ZUGEHÖRIGKEIT: Dormammu, Zeloten
HAUPTSTÄRKEN: Zaubersprüche, Kraft der Dunklen Dimension
AUFTRITT: Doctor Strange

Die Haut ist durch die Energie der Dunklen Dimension verfärbt.

BLINDER EHRGEIZ

Kaecilius vollzieht ein Ritual, um Dormammu zu kontaktieren und Kraft aus der Dunklen Dimension zu beziehen. Er ahnt nicht, dass Dormammus versprochene Ewigkeit unendliche Folter bedeutet.

Warme Wollhose

Kaecilius bekämpft Doctor Strange in der Spiegeldimension, wo seine Kräfte um ein Vielfaches verstärkt werden.

RISKANT

Kaecilius stiehlt verbotenes Wissen aus dem Buch von Cagliostro. Er liest nur die Zaubersprüche und ignoriert die Warnungen. Zwar öffnet er ein Portal zu Dormammu, doch er wird in der Dunklen Dimension festgesetzt.

Verborgene Innentaschen für gestohlene Reliquien

Stiefelschoner schützen vor Regen.

DORMAMMU

Furchterregender Vernichter

Das außerdimensionale Wesen Dormammu ist ein Zerstörer von Welten. Er lebt in der Dunklen Dimension und strebt danach, alle Dimensionen des Multiversums zu verschlingen. Seine Macht scheint grenzenlos. Als er mithilfe seines Jüngers Kaecilius die Erde überfällt, stellt sich ihm Doctor Strange entgegen und drängt ihn schließlich zurück.

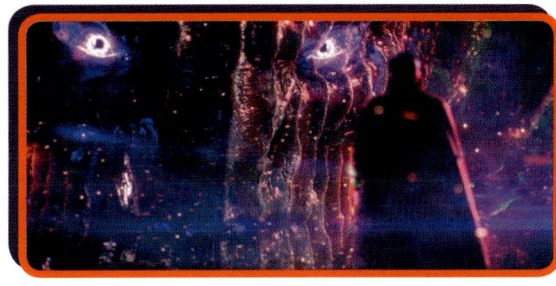

WELTUNTERGANG

Dormammu betritt mit Kaecilius' Hilfe die Erde. Er beginnt, die Stadt und die Struktur der Realität selbst zu verschlingen.

Dormammu willigt ein, zu verschwinden und nie zurückzukehren. Kaecilius und dessen verbliebene Jünger nimmt er mit sich, damit sie ewige Qualen leiden.

Energie der Lebenskraft strahlt aus den Augen.

Bewusstsein erscheint als grünes Ektoplasma.

WICHTIGE DATEN

ZUGEHÖRIGKEIT: Dunkle Dimension, Kaecilius

HAUPTSTÄRKE: Macht, ganze Dimensionen zu verschlingen

AUFTRITT: Doctor Strange

DIE ZEIT IST UM

Zeit existiert in der Dunklen Dimension nicht, daher kann Dormammu Doctor Stranges kluger Strategie nichts entgegensetzen. Strange nimmt Dormammu mithilfe eines mystischen Objekts namens Auge von Agamotto in einer Zeitschleife gefangen.

BLACK PANTHER

Unbemerkt vom Rest der Welt, verfügt das afrikanische Königreich
Wakanda über das Geheimnis zu unglaublichem Reichtum und verbirgt die möglicherweise größten technologischen Errungenschaften
der Erde. Black Panther kämpft für den Schutz Wakandas, doch die
größte Gefahr für ihn lauert in der eigenen Familie.

T'CHALLA
König von Wakanda

T'Challa wird König, als sein Vater T'Chaka von Terroristen getötet wird. Der ergebene Sohn erbt den Thron und schwört, sein Königreich zu beschützen. Gemeinsam mit seiner Mutter Ramonda und seiner Schwester Shuri bekämpft er Bedrohungen für seinen Thron, sein Land und seinen Planeten.

Kleidung für die Vereinten Nationen

Erik Killmonger trifft in Wakanda ein, um den Thron von T'Challa zu fordern. T'Challa gewährt ihm Zutritt, da er weiß, das Killmonger sein Cousin ist.

GEHEIMES REICH

T'Challa verbirgt das technologische Potenzial seines Landes vor der Welt, indem er die Hauptstadt mit einem Hologramm verdeckt. So kann sich Wakanda als Entwicklungsland ausgeben und sich vor jenen schützen, die vielleicht die mächtige Vibranium-Technologie stehlen wollen.

„Aus Wakanda, mit Liebe"-Schal

T'Challa regiert über Wakanda von seinem Palast in der Hauptstadt aus. Hier umgibt ihn ein Ältestenrat.

RITUELLE MACHTPROBE

T'Challa nimmt Killmongers Herausforderung an, ohne seine Black-Panther-Kräfte gegen ihn zu kämpfen. Killmonger hat sein ganzes Leben dafür trainiert. Gnadenlos wirft er T'Challa einen Wasserfall hinab und beendet dessen Herrschaft.

BLACK PANTHER

Stolzer Beschützer

Sensible Ohr-Mikrofone

Wakandas Könige erhalten die Macht des Black Panther durch die Einnahme eines Elixiers aus einem geheimen, herzförmigen Kraut. Als Black Panther nutzt König T'Challa seine übermenschlichen Kräfte, um sein Volk zu verteidigen, unterstützt durch einen außergewöhnlichen, von seiner Schwester Shuri entworfenen Anzug.

Solide Vibranium-Verzierungen

PANTHER-ANZUG

In den Black Panther-Anzug wurde Vibranium gewoben – das seltenste und robusteste Metall der Erde. Der Anzug speichert kinetische Energie und leitet sie für den Einsatz beim Gegenangriff.

Flexibles, kugelsicheres Material

BESCHÜTZER

Black Panther muss über alle Bürger Wakandas wachen. Um auch das Böse in der Welt zu bekämpfen, beschließt er, die Vereinigten Staaten an der fortgeschrittenen wakandanischen Technologie teilhaben zu lassen.

Ausfahrbare Vibranium-Klauen

Mit Vibranium durchwebter Stoff

Black Panther tritt Erik Killmonger auf den Zuggleisen von Wakandas Vibranium-Minen entgegen. Beide tragen einen Black Panther-Anzug, doch T'Challa siegt dank der eigenen Stärke.

WICHTIGE DATEN

ZUGEHÖRIGKEIT: Wakanda, Goldener Stamm, Avengers, Tony Stark
HAUPTSTÄRKEN: Körperkraft, Tempo, Beweglichkeit, Klauen und Abschirmung aus Vibranium
AUFTRITTE: The First Avenger: Civil War, Black Panther, Avengers: Infinity War

NAKIA
Mutige Heldin

Wakandas Topspionin Nakia ist Mitglied des wakandischen Geheimdienstes War Dogs. Sie ist auch die Prinzessin des Flussstammes und die ehemalige Freundin von Prinz T'Challa. Mutig und einfallsreich geht Nakia auf Geheimmissionen in Nigeria, ganz Afrika und Südkorea.

Kunstvolle, perlenbesetzte Halskette

Kimoyo-Perlen für medizinischen Gebrauch

GUTHERZIG
Nakia geht auf weit entfernte Missionen. Sie ist frustriert, weil sich ihr Land vor der Welt versteckt, statt anderen zu helfen. Genau das tut sie selbst und bringt sich dadurch andauernd in Gefahr.

Chakram-Klingen aus Vibranium

Nakia und Okoye verfolgen den Schmuggler Ulysses Klaue durch die belebten Straßen von Busan.

Das Zeremonienkleid preist die traditionelle Farbe des Flussstammes.

STARKE STREITERIN
Nakia ist eine geschickte, gut trainierte Kämpferin. Sie setzt ihr Land an die erste Stelle und trägt die Rüstung der Königsgarde Dora Milaje, als sie mit T'Challa gegen Killmonger und den Grenzstamm kämpft.

WICHTIGE DATEN
ZUGEHÖRIGKEIT: Wakanda, Flussstamm, War Dogs, T'Challa
HAUPTSTÄRKEN: War-Dog-Ausbildung, Spionage, Kampfgeschick, Intelligenz
AUFTRITT: Black Panther

Kniehohe Stiefel

Nakia ist begeistert, als T'Challa einwilligt, Wakanda zu öffnen, um Leuten aus anderen Ländern zu helfen.

SHURI

Geniale Erfinderin

T'Challas brillante jüngere Schwester ist ein Wissenschaftsgenie, das neue Vibranium-Technologien entwickelt, darunter ferngesteuerte, fliegende Schiffe, modernste, medizinische Geräte und mächtige Waffen. Shuri hilft T'Challa, den Thron Wakandas von Erik Killmonger zurückzuerobern. Sie heilt Bucky Barnes verwirrten Verstand und spielt eine entscheidende Rolle im Kampf gegen Thanos.

Das Panthermaul feuert Schüsse ab.

Vibranium-Armband

STANDHAFT

Shuri steht ihrem Bruder gegen den Thronräuber Killmonger bei. Ihre Vibranium-Handschuhe haben Kraft, aber ihre Schüsse werden von Killmongers Anzug absorbiert.

Handgeschnitzte Gürtelschnalle

Shuri, Ramonda und die Dora Milaje erwarten die Ankunft von T'Challa und Nakia.

Oberfläche mit Vibranium-Lackierung

Handschuhe einstellbar auf Einzelschuss und Dauerfeuer

GUT GEBRÜLLT

Shuri hat ihren eigenen Kopf und einen starken Willen. Oft triezt sie ihren älteren Bruder, doch sie ist auch seine beste Beraterin. Außerdem hat sie die Black-Panther-Ausrüstung entworfen.

WICHTIGE DATEN

ZUGEHÖRIGKEIT: Wakanda, Goldener Stamm, T'Challa
HAUPTSTÄRKEN: Wissenschaftsgenie, Intelligenz, Kreativität
AUFTRITTE: Black Panther, Avengers: Infinity War

Shuri versucht, den Infinity-Stein gefahrlos aus Visions Stirn zu entnehmen, bevor Thanos ihn findet.

OKOYE

Große Kriegerin

Führungs-
tätowierung

Okoye ist die persönliche Leibwächterin von König T'Challa und beherzte Anführerin der Königsgarde Dora Milaje. Auch ist sie dem König freundschaftlich verbunden und eine gute Beraterin. Okoye begleitet T'Challa auf Missionen in andere Länder und verteidigt Wakanda gegen Thanos' Streitmacht.

LOYALITÄT

Okoye hat geschworen, den König zu beschützen. Sie stellt sich gegen ihren Ehemann W'Kabi, als dieser T'Challa hintergeht. Okoyes Treue zu Wakanda steht immer an erster Stelle und sie verteidigt ihr geliebtes Land mit ihrem Leben.

Goldbesetzter Speer-
verbindungspunkt

Als sie erfährt, dass T'Challa den rituellen Kampf überlebt hat, stellt sich Okoye gegen Killmonger, um den wahren König zu verteidigen.

PFLICHT ZUERST

Nach Killmongers Machtübernahme, drängt Nakia Okoye, mit ihr, Ramonda und Shuri zu fliehen. Okoye bleibt jedoch, um den Thron zu verteidigen, egal, wer ihn innehat.

Die Speerspitze steuert nahezu jedes elektronische Gerät.

WICHTIGE DATEN

ZUGEHÖRIGKEIT: Wakanda, Dora Milaje, T'Challa

HAUPTSTÄRKEN: Dora-Milaje-Ausbildung, Tempo, Beweglichkeit, Nahkampf mit dem Speer

AUFTRITTE: Black Panther, Avengers: Infinity War

Elektromagnetische Sohlen

W'KABI

Grenzstamm-Anführer

W'Kabis Stamm lebt in Wakandas Hochland und züchtet Vieh. W'Kabi ist König T'Challas bester Freund, doch er verliert seinen Glauben an ihn, als T'Challa es nicht schafft, Ulysses Klaue zu fassen, den Mann, der für den Tod von W'Kabis Vater verantwortlich ist. Als Killmonger dies gelingt, stellt sich W'Kabi mit ihm gegen T'Challa.

WICHTIGE DATEN

ZUGEHÖRIGKEIT: Grenzstamm, Wakanda, T'Challa, Okoye, Killmonger
HAUPTSTÄRKEN: Geschickter Kämpfer, Armee des Grenzstammes
AUFTRITT: Black Panther

Rituelle Gesichtszeich-
nungen des Grenzstammes

Grenzstamm-
Kleidung enthält Schildprojektoren.

NASHORN-REITER

W'Kabi züchtet Kampfnashörner und ruft sie, als T'Challa Killmonger heraus-fordert. Die Bestien stampfen wie Rammböcke durch die Dora Milaje, doch zu W'Kabis Ungunsten lieben die Tiere seine Frau Okoye, die ihnen Einhalt gebietet.

W'KABIS SCHANDE

Der Grenzstamm wird von der Dora Milaje besiegt und W'Kabi ergibt sich, als ihm seine Frau Okoye gegenübertritt. Obwohl W'Kabi ein Verräter ist, hilft sein Stamm später Black Panther, Thanos' Truppen zurückzuschlagen.

Als sich W'Kabi mit Killmonger gegen den wahren König T'Challa verbündet, treibt er damit einen Keil zwischen sich und seine Frau Okoye.

Das Tuch ziert das Adinkra-Symbol der Zusammenarbeit.

ERIK KILLMONGER

Rechtmäßiger Rivale

Erik Stevens, alias N'Jadaka, ist der Sohn von N'Jobu, dem Bruder von Wakandas einstigem König T'Chaka. Als N'Jobu den Freund der Königsfamilie, Zuri, angreift, tötet ihn T'Chaka. Der junge Erik wächst in Kalifornien auf und plant seine Rache an der wakandischen Königsfamilie. Später reißt er Wakandas Thron an sich und ernennt sich zum König.

Königlicher Ring von Großvater König Azzuri

Killmonger nutzt ein Vibranium-Artefakt aus dem Museum of Great Britain, um Ulysses Klaues Vertrauen zu gewinnen.

Splittergranate

Daniel-Defense-DDM4-MK18-Sturmgewehr

WICHTIGE DATEN

ZUGEHÖRIGKEIT: Ehemaliges Mitglied der Königsfamilie Wakandas
HAUPTSTÄRKEN: Geheimoperations- und Navy-SEALs-Ausbildung, Kraft des Black Panther
AUFTRITT: Black Panther

Tarnhose

TODESHÄNDLER

Killmonger verdankt seinen bedrohlichen Spitznamen seiner Brutalität. Seinen Körper bedecken Narben, die für seine Siege stehen. Er wählt bewusst die gefährlichsten Missionen, um sich auf seinen Todeskampf mit T'Challa vorzubereiten.

KÖNIGSSTREIT

Gerade als Killmonger denkt, er wäre als Wakandas neuer König sicher, kehrt T'Challa zurück. Killmonger schlüpft in einen fortschrittlicheren Black-Panther-Anzug und greift an.

ULYSSES KLAUE

Bewaffnet und bereit

Klaue ist ein südafrikanischer Waffenhändler und Verbrecher. Gemeinsam mit Prinz N'Jobu stahl er Vibranium aus Wakanda. Er verkaufte seinen Anteil an Ultron, verlor aber einen Arm, als Ultron die Beherrschung verlor. Er beschafft sich eine Prothese mit Vibranium-Schallkanone. Klaue wird von N'Jobus Sohn Killmonger verraten, als sie weiteres Vibranium stehlen wollen.

Klauen-halskette über Täto-wierung

STRAFREGISTER

Klaue wird wegen Verbrechen gegen Wakanda gesucht. Er wurde schon einmal wegen Vibraniumdiebstahls gefasst und im Nacken gebrandmarkt. Klaue ist auch verantwortlich für den Tod von W'Kabis Eltern bei einer Explosion an Wakandas Grenze.

CIA-Agent Everett K. Ross versucht, Klaue im Busan Casino in eine Falle zu locken, doch der Schurke sieht T'Challa und flieht.

Fach verbirgt Vibranium-Kanone.

Kybernetische Hand

Mixtape in der Hosentasche

KANONENKLAUE

Black Panther, Okoye und Nakia spüren Klaue in Busan auf in der Hoffnung, ihn zur Rechenschaft zu ziehen. Klaue beschießt seine Verfolger mit einer tödlichen, in seiner Armprothese verborgenen Schall-Kanone.

WICHTIGE DATEN

ZUGEHÖRIGKEIT: Killmonger, Ultron
HAUPTSTÄRKEN: Kybernetischer Arm, Unterweltkontakte
AUFTRITTE: Avengers: Age of Ultron, Black Panther

M'BAKU
Jabari-Stamm-Anführer

Der Jabari-Stamm, der den Einsatz von Vibranium-Technologie meidet, lebt fern von Wakandas Volk in den Bergen. M'Baku ist der Anführer. Er grollt Wakandas Herrscher-familie, schließt aber Frieden und eilt T'Challa zu Hilfe, als Killmonger die Zukunft des Landes bedroht und als Thanos angreift.

Knobkierrie (Wurf- und Schlagstock)

STAMMESKONFLIKT
M'Baku fordert T'Challa um den Thron heraus. Mit einer Holzmaske, die den Weißen Affen repräsentiert, kämpft M'Baku rigoros bei der rituellen Herausforderung. Er verliert jedoch und geht in Frieden fort.

Nietenschienen über Pelzhandschuhen

WICHTIGE DATEN

ZUGEHÖRIGKEIT: Jabari-Stamm, Wakanda
HAUPTSTÄRKEN: Nahkampf, Körperkraft, Jabari-Armee
AUFTRITTE: Black Panther, Avengers: Infinity War

Natürlicher Bastrock

Knieschutz

DER GROSSE GORILLA
Die Jabari sind Vegetarier und tragen Kleidung aus Naturstof-fen. Ihr stolzes Symbol ist ein Primat – ein deutlicher Gegen-satz zu Black Panther. M'Baku ist in ganz Wakanda als „Großer Gorilla" bekannt.

M'Bakus Holzpalast liegt isoliert von den anderen Stämmen weit oben in den verschneiten Bergen Wakandas.

AYO

Sicherheitschefin

Ayo ist die rechte Hand von General Okoye und dient König T'Challa als Sicherheitschefin der Dora Milaje. Reist der König durch Wakanda, nach Berlin und zu den Vereinten Nationen, bleibt sie dicht bei ihm. Ayo kämpft auch tapfer in der Schlacht gegen Thanos' Truppen.

WICHTIGE DATEN

ZUGEHÖRIGKEIT: Wakanda, Dora Milaje, T'Challa

HAUPTSTÄRKEN: Dora Milaje-Kampftraining, Tempo, Beweglichkeit

AUFTRITTE: The First Avenger: Civil War, Black Panther, Avengers: Infinity War

Traditionelle Halskette

Vibranium-Speer kann elektrifiziert werden.

Königlicher, roter Wappenrock

HELDENERBE

Die traditionellen Uniformen der Dora Milaje werden von Mutter zu Tochter weitergegeben. Ihre handbestickten Lederharnische schmücken Perlenarbeiten. An den kunstvollen Wappenröcken hängen Schutztalismane.

Handverzierte Vibranium-Armbänder

KÖNIG UND THRON

Als Mitglied der Dora Milaje muss Ayo, ohne einzugreifen, bei T'Challas ritueller Herausforderung zusehen. Als Killmonger siegt, gibt ihr das wakandische Gesetz vor, ihn als König zu beschützen.

Ayo begleitet T'Challa, Nakia und Okoye zu den Vereinten Nationen, wo der König Wakanda für die Welt öffnet.

RAMONDA

Königinmutter von Wakanda

Ramonda ist die Mutter von König T'Challa und Witwe von König T'Chaka. Sie sitzt im Ältestenrat und hilft, Wakanda zu regieren. Als man T'Challa nach seinem Kampf mit Killmonger für tot hält, bietet sie die Rolle des Black Panther M'Baku an, ist aber überglücklich, als sie von dem Jabari-Stammesführer erfährt, dass ihr Sohn noch lebt.

Saphiranhänger

AUF DER FLUCHT

Als Killmonger nach seinem Sieg über T'Challa im rituellen Kampf die Macht an sich reißt, müssen Ramonda und Shuri fliehen. Sie begegnen Nakia und Everett Ross, bevor sie beim loyalen Jabari-Stamm Hilfe suchen.

Kimoyo-Musikperlen

Ramonda steht bei T'Challas ritueller Herausforderung an der Seite ihrer Tochter Shuri. Als M'Baku eintrifft, mischen sich Stolz und Besorgnis.

Königliches Seiden-kleid mit schmutz-abweisenden Fasern

MODEMISCHUNG

Ramondas eindrucksvoller Kleidungsstil ist, wie ihre Kultur auch, eine Mischung aus traditioneller Wakanda-Kunst und hypermoderner Technik. Ihre kunstvollen Hüte werden mithilfe eines 3-D-Druckers gefertigt.

WICHTIGE DATEN

ZUGEHÖRIGKEIT: Wakanda, T'Chaka, T'Challa, Shuri
HAUPTSTÄRKEN: Dora-Milaje-Kampftraining, Tempo, Beweglichkeit
AUFTRITT: Black Panther

ZURI

Spiritueller Führer

Zuri ist der Hohepriester Wakandas und ein enger Freund von T'Chaka und dessen Sohn T'Challa. In seiner Jugend wurde er von König T'Chaka auf Geheimmissionen geschickt, um dessen Bruder Prinz N'Jobu auszuspionieren. Bei einer Konfrontation tötet T'Chaka N'Jobu, um Zuri zu retten. Jahre später wird Zuri von N'Jobus Sohn Killmonger getötet, als er sein Leben für das T'Challas anbietet.

Wappenrock mit Perlen, Holz und Knochen verziert

BÖSES GEHEIMNIS

Zuri hat Schuldgefühle, weil er T'Chakas Bruder N'Jobu hinterging und dessen Sohn N'Jadaka (Killmonger) in Amerika zurückließ. Als T'Challa Killmongers königlichen Ring sieht, beichtet Zuri schließlich die Wahrheit.

Ärmel mit wakandischen Symbolen geschmückt

WICHTIGE DATEN

ZUGEHÖRIGKEIT: Wakanda, T'Chaka, T'Challa
HAUPTSTÄRKEN: Loyalität zur Königsfamilie, Opferbereitschaft, umfassendes Wissen über Wakandas Legenden
AUFTRITT: Black Panther

HÜTER DES HERZFÖRMIGEN KRAUTS

Als spiritueller Berater und Freund der Königsfamilie werden Zuri viele Geheimnisse anvertraut. Darunter auch die Pflege der Höhle des herzförmigen Krauts, das die Kraft des Black Panther spendet.

Zeremonientracht

Scharlachrote Herrschaftsrobe

Zuri überwacht die rituelle Herausforderung. Vor dem Duell nimmt er T'Challa die Kraft des herzförmigen Krauts.

EVERETT K. ROSS

CIA-Agent

Everett K. Ross ist ein CIA-Agent und stellvertretender Einsatzgruppen-Leiter beim Terrorismusabwehrzentrum, dem die Durchsetzung des Sokovia-Abkommens obliegt. Als er bei einer Konfrontation mit Ulysses Klaue und Killmonger angeschossen wird, überredet Nakia T'Challa, ihn zur Behandlung nach Wakanda zu bringen. Dort schließt sich Ross dem Kampf gegen den Thronräuber Killmonger an.

Ross muss ein wakandisches Luftschiff fernsteuern, um Killmongers Waffenlieferungen in andere Länder aufzuhalten.

Standard-CIA-Krawatte sitzt etwas eng.

Teurer Uhrengeschmack

Stets professionell gekleidet

Aus Skepsis verschränkte Arme

Die Tasche enthält in Wakanda blockierten Kommunikator.

SPUR NACH WAKANDA

Bei der Untersuchung der Sokovia-Vorfälle entdeckt Ross, dass Ultrons Vibranium von Ulysses Klaue geliefert wurde, was ihn auf Wakanda bringt. Ross trifft T'Challa das erste Mal während des Civil War der Avengers. Auf der Jagd nach Klaue sehen sie sich wieder.

VERNEHMUNGSSPEZIALIST

Ross befragt Ulysses Klaue nach dessen Festnahme in Südkorea. Klaue erzählt Ross, dass hinter Wakanda mehr steckt, als es scheint. Das verschlossene Volk ist reich und technologisch hochmodern.

WICHTIGE DATEN

ZUGEHÖRIGKEIT: CIA, Sokovia-Abkommen, Wakanda
HAUPTSTÄRKEN: CIA- und Air-Force-Pilotenausbildung
AUFTRITTE: The First Avenger: Civil War, Black Panther

T'CHAKA
Ehemaliger König

König T'Chaka von Wakanda ist der Ehemann von Königin Ramonda und Vater von Kronprinz T'Challa und Prinzessin Shuri. Nach einem verheerenden Vorfall in Nigeria, in den die Avengers und wakandanische Entwicklungshelfer verwickelt waren, wirkt T'Chaka am Sokovia-Abkommen mit, dem Versuch, die Avengers für ihre Aktionen haftbar zu machen. Ein Bombenanschlag beendet seine Herrschaft.

WICHTIGE DATEN

ZUGEHÖRIGKEIT: Wakanda
HAUPTSTÄRKEN: Führungsstärke, ausgeprägtes Pflichtgefühl
AUFTRITTE: The First Avenger: Civil War, Black Panther

VATER UND SOHN

T'Chaka und sein Sohn T'Challa lieben sich innig. Bei der Unterzeichnung des Sokovia-Abkommens teilen sie einen letzten Moment der Zuneigung, kurz bevor ein Bombenanschlag sie für immer trennt.

Ergraute Haare

SCHWERES AMT

T'Chaka muss schwere Entscheidungen fällen und das Wohl des Landes vor das der eigenen Familie stellen. Zum Schutz Wakandas wendet er sich gegen seinen Bruder N'Jobu und lässt seinen Neffen N'Jadaka in Amerika allein. Aus dem Jungen wird Killmonger.

Der Bart ist kürzer geschoren als zu T'Chakas Jugend.

Westliche Kleidung vor internationalem Publikum

Nach Erhalt des herzförmigen Krauts trifft T'Challa den Geist von T'Chaka in einer Vision auf der Ebene der Vorfahren.

CAPTAIN MARVEL

Air-Force-Pilotin Carol Danvers wird eines der
mächtigsten Wesen in der Galaxie. Gemeinsam
mit Superspion Nick Fury kämpft sie, um die Erde
in einem Krieg zwischen dem Kree-Imperium und
den einfallenden Skrull-Aliens zu beschützen.

CAPTAIN MARVEL

Kosmisch gestärkte Heldin

Kree-Soldatin Captain Marvel erwacht auf der Erde, ohne zu wissen, wie sie dorthin kam. S.H.I.E.L.D.-Agent Nick Fury spürt sie auf und fragt sie, ob ihre Träume und Visionen Erinnerungen an ihre Vergangenheit sein könnten. Marvel und Fury tun sich zusammen, um die Erde vor einer Invasion gefährlicher, gestaltwandelnder Aliens beschützen: den Skrulls.

Starforce-Emblem

FLIEGER-VERGANGENHEIT

Captain Marvel erinnert sich eines Tages an ihre Vergangenheit als U.S.-Air-Force-Pilotin Carol Danvers. Danvers war eine Spitzenpilotin mit schnellen Reflexen und enormem Mut.

Ihr Körper kann Energie absorbieren.

Anzug schützt vor Druckunterschieden im All.

STARFORCE

Captain Marvel ist ein Mitglied der außerirdischen Kree-Elitetruppe Starforce. Marvels Photonenkräfte machen sie zu einem hochgeachteten Teammitglied, obwohl sie noch ständig mit der Kontrolle ihrer gefährlichen und unvorhersehbaren Kräfte ringen muss.

WICHTIGE DATEN

ZUGEHÖRIGKEIT: U.S. Air Force, Starforce, Kree-Imperium, Nick Fury, S.H.I.E.L.D.

HAUPTSTÄRKEN: Fantastisches Fliegerass, gesteigerte Ausdauer, Stärke, Reflexe, Heilung, Schüsse kosmischer Energie, Raumflug

AUFTRITT: Captain Marvel

Captain Marvel hadert zwar mit ihrer Identität, doch sie bleibt stets entschlossen, das Böse zu bekämpfen.

TALOS
Skrull-Spion

Talos ist der rabiate Anführer einer Gruppe Skrulls, die die Erde ausspionieren. Er ist gnadenlos und wird sogar von seinen Untergebenen gefürchtet. Die Skrulls führen seit Jahrhunderten einen erbitterten Krieg gegen das Kree-Imperium, was Talos in Konflikt mit Captain Marvel bringt, als sie sich auf der Erde begegnen.

Spitze Ohren sind ein Skrull-Merkmal.

Grüne Reptilienhaut bei natürlicher Skrull-Gestalt

Kugelsicher und wasserfest

Der Anzug verändert sich entsprechend der Gestaltwandlung.

GESTALT-WANDLER
Die Alienrasse der Skrulls ist für die Fähigkeit der Gestaltwandlung bekannt. Sie können jede Person verkörpern und so die Bevölkerung der Planeten, die sie erobern wollen, infiltrieren.

EIN NEUES ZIEL
Die Skrulls sind eine strategische, militärisch orientierte Spezies, die Welten erobert. Vor Invasionen entsenden sie Spionagetrupps, um Land und Bewohner zu erkunden und Bericht zu erstatten.

WICHTIGE DATEN
ZUGEHÖRIGKEIT: Skrulls
HAUPTSTÄRKEN: Gestaltwandlung, Intelligenz, Militärstrategie, Skrupellosigkeit
AUFTRITT: Captain Marvel

REGISTER

Haupteinträge **fett**

Der DK Verlag dankt Kevin Feige, Louis D'Esposito, Victoria Alonso, Stephen Broussard, Eric Carroll, Craig Kyle, Jeremy Latcham, Nate Moore, Jonathan Schwartz, Trinh Tran, Brad Winderbaum, Brian Chapek, Mary Livanos, Zoie Nagelhout, Kevin Wright, Michelle Momplaisir, Richie Palmer, Mitch Bell, David Grant, Dave Bushore, Sarah Beers, Will Corona Pilgrim, Corinna Vistan, Ariel Gonzalez, Adam Davis, Eleena Khamedoost, Cameron Ramsay, Kyle Quigley, Michele Blood, Jacqueline Ryan, David Galluzzi, Ryan Potter, Erika Denton, Jeff Willis, Randy McGowan, Bryan Parker, Percival Lanuza, Vince Garcia, Matt Delmanowski, Alex Scharf, Jim Velasco und Andrew Starbin von Marvel Studios; Nick Fratto, Caitlin O'Connell und Jeff Youngquist von Marvel sowie Chelsea Alon, Elana Cohen, Stephanie Everett und Kurt Hartman von Disney. Der DK Verlag dankt außerdem Cefn Ridout für die redaktionelle Unterstützung und Helen Peters für das Register.